JN075163

バン仲村

いい質問するねぇ〜

一瞬で相手にインパクトを与える技術

信長出版

はじめに

一瞬で成り上がる秘密を公開する

「こんなことってあるのかよ?」

山梨の夜の繁華街でブイブイ言わせていただけのズブの素人が、YouTubeを始めて4カ月でSNS総フォロワー数40万人に達した。

確かに、「こんなことってあるのかよ?」だろう。

でも俺にとってはなんてことはなかった。

決して、結果論で自慢しているのではない。

ＹｏｕＴｕｂｅに群がる相手にインパクトを与え、虜（とりこ）にしてしまう戦略が俺にはあった。だから想定内だった。難しいことじゃない。

「たまたまついていただけだ」と、まぐれで片づけようとする貧困な想像力で嫉妬する奴も、いまだに少なくない。

大人気の「ブレイキングダウン（Ｂｒｅａｋｉｎｇ Ｄｏｗｎ）」に出演したことが、成功の要因だという奴もいる。

それを否定するつもりはない。

だが俺は、偶然に出演しバズったわけではない。

出るべくして出て、それはすべて俺が企んだシナリオ通りだ。

「ブレイキングダウン」とは、「一分間最強を決める。」をコンセプトに、総合格闘家・朝倉未来（あさくらみくる）がプロデュースする格闘技イベントだ。

試合前に公開オーディションがあり、ＹｏｕＴｕｂｅでその模様が配信される。
俺はそのオーディションに赤いスーツにサングラス、杖をついた姿で参加した。

その際の出演時間はわずか90秒ほどだ。
番組出演以降、俺のＳＮＳにはフォロワーが殺到し爆発的な伸びを示した。
是非一度、俺の「ブレイキングダウン」での出演シーンを見てもらいたい。

「ブレイキングダウン」の舞台上でも、そこで俺が会場を凍りつかせたスキルは、この日のためにすべてを計算し尽くし、結果から逆算して練り上げた青写真そのものだ。

あの日あの場で起こり、その後ネットを震撼させたことは、偶然ではなく必然だったと、俺はここではっきり断言する。
その舞台裏を、つまり、奇跡のフォロワー数を可能とさせたバン仲村が仕組んだ全戦略を、ここで公開しようじゃないか。

トーク術、服装術、心理術……等々、俺自身のＹｏｕＴｕｂｅでも語っていない門外不出のスキルを、５章にわたって全部公開するぜ！

これからの時代を生き抜いていくのに必要なノウハウだよ。

ようこそ、バン仲村の世界へ。

もくじ

第1章 全戦略公開！なぜ仲村は一瞬で成り上がったのか？

第2章
仲村流インパクトの残し方

第3章 人はこうして魅了しろ

第4章

仲村のこれまで

第5章 これからの時代を生き抜くために

第1章

全戦略公開！なぜ仲村は一瞬で成り上がったのか？

すべてはゴールからの逆算だ

俺はYouTubeを始めてからわずか4カ月でSNSの総フォロワー数が40万人に達し、人に言わせりゃあ、「SNSの世界では事件」とのことだった。

これははじめから計画して作り上げられた現象だ。

その秘密は仲村流の戦略にある。

俺の場合、戦略が決まる前に動きだすことはないと言ってもいいくらいだ。

その戦略の要とは、ズバリ二つ。

「ゴールの決定」と「逆算」だ。


まず、何かを成し遂げようと思えば、ゴールを明確にする必要がある。

その設定があやふやだと、迷いが生じるし、モチベーションも上がってこない。挫折もしやすい。

逆にゴールを明確にすると、覚悟が生まれる。「ヨシッ、やってやろうじゃないか！」ってね。

ゴールを明確にしたらその勢いで突き進んでいけばいいんだが、ここで重要になるのが「逆算」って思考なんだ。

大工さんは図面もなく家を建てないだろ？

最初に図面を作る。次にその図面をもとに家を建てる。

これが「逆算」だ。

これこそ、バン仲村の〝勝利の方程式〟だ。

数学が苦手だからといって解けない方程式じゃないから、心配するなよ。

俺がＹｏｕＴｕｂｅに手を出すきっかけとなったのは、瓜田純士の存在だった。

瓜田と俺の間で起きた過去の出来事は、「ブレイキングダウン」やＹｏｕＴｕｂｅでみんな、知っているだろう。

彼がＹｏｕＴｕｂｅを始めて話題になっているのを3、4年ほど前に、俺は知った。

そして、2年くらい前だったか、瓜田が「ブレイキングダウン」っていう格闘技の世界で頑張っているのを見た。

「元気みたいだな」と懐かしく思う一方で、当時のことが思い出され、「あの時はよくも……」と忸怩(じくじ)たる思いと、「迷惑をかけたなあ。いつか機会があれば謝りたい」という気持ちが湧き出てきた。

「俺がこの『ブレイキングダウン』っていうステージに上がれば、アイツと再会ができき、謝り、みんなの前で白黒をつけることができる。引きずったままでいたこの思いを清算できる」

こう思ったわけだ。

つまり、俺が設定したゴールは、「瓜田に会って謝り、過去を清算すること」だ。

と同時に、ここから「逆算」を考えた。

このゴールに到達するためにはどうしたらいいか?

「そんな面倒くさいことなんかしないで、電話したら早いんじゃない?」

そう思うかもしれない。

でもな、あの時のことがトラウマとして残っているだろうから警戒されるかもしれないし、「おまえなんか知らねぇ」と一方的に電話を切られてしまったら、それでおじゃんだからな。


俺が瓜田と戦うために行った「逆算」はこうだ。

俺と瓜田の対決ストーリーを審査員にアピールする。
↑
服装や喋りでインパクトを与え、瓜田が無視できないよう存在感を醸し出す。
↑
「ブレイキングダウン」に出演する。

これらの流れを生み出すために、まずはＳＮＳを始めた。

なぜかって？

理由は「ブレイキングダウン」の出演者に選んでもらうためだ。
まずは同じ土俵に上がらなきゃ話にならない。

運営側がオーディションをするにあたって、どこの馬の骨ともわからない奴よりは、ＳＮＳで表立って活動をしている人間の方が選びやすいだろうと思った。
言ってしまえば「名刺代わり」だ。
だから、四十過ぎのオジサンがコミカルに踊る動画などをアップして、「面白い奴」と思われるようにした。

ちなみにこの時点で、フォロワーを増やすことはまったく意識していない。「ブレイキングダウン」の審査に求められていないと思ったからだ。

フォロワー数よりも、「数字を取れそうな奴」とアピールをすることが重要だと判断した。

フォロワーなんてものはオーディションで結果を出せば、あとから自然に増えると確信をしていた。

そもそもこの年で、ＳＮＳで有名になって、たくさんのお金を稼いでやろうなんて気はこれっぽっちもなかったよ。

まあ、年収８００万くらいで十分だな、俺は。

そういう理由でＳＮＳにはそれなりに投稿し、見事「ブレイキングダウン」の出演にこぎつけた。

とうとう瓜田と再会できたんだから、作戦としては成功だ。

俺はフレンドリーに、「純士、久しぶり」とその場に入っていった。この時の言葉の妙味や戦略については第2章で詳しく書いているから、そこで楽しんでくれ。

他にも「逆算」の事例はあるぞ。

それは俺が、「ケンカバトルロワイアル」のチャンネルを一千万円で買い取り、代表になったことだ。

「ブレイキングダウン」の代表を務めるYUGOさんと対決するためだ。お互い代表の肩書があったので頂上決戦の試合が決まり、のちに戦った。

これなんて、テッペン同士で対決するために、「ブレイキングダウン」に出演する2～3カ月前から、「ケンカバトルロワイアル」を買い取る準備をしてたんだよ。

その結果、お互いのフォロワー数が一気に上昇した。

俺にとっては、ド素人から始めたSNSであり、YouTubeだったが、もうこのころには「逆算」の理屈でこの数字は読めていた。

「逆算」のすごさと必要性、わかったかい？

「逆算」しないまま、がむしゃらに丸腰で突っ込むんじゃあ、〝犬死に〟するだけだ。

人を動かすためにストーリーは絶対だ！

俺は思いつくまま自分勝手に話を進めることはしない。

これでいて何をするんでも結構、緻密に準備はしているつもりだ。

たとえば、「ブレイキングダウン」に出演したことで瓜田とは〝因縁の関係〟として認知されたわけだけれども、まわりがこの俺と瓜田との関係を面白がってくれているのがよくわかる。

新宿歌舞伎町で生まれ育ち、そこでドブネズミとして扱われてきた瓜田と、山梨でアウトローとして生きてきた俺がやることを、興味津々で見ているわけだ。

俺に近い人たちに率直な意見を聞いても、「(二人の対決を) 是非見てみたい」と誰もが言った。

他にもいろいろと事前に調査をしてみたら、〝対決〟への期待は高まるばかりで、当事者の俺としては、「これはもうやらずには済まされない」のを実感させられた。

これが事前調査もせず誰も望んでもいないのに、感情的に、「決着をつけてやろうぜ!」と言ってたんじゃあ野生動物と一緒だよ。マスターベーションと同じで、一人で勝手に楽しんでろだ。

瓜田だって、「ただのストーカーのオッサンが、何を一人で張り切ってんだ」って、冷めた目で、「ハイ、ご苦労さん」とシラけるだろう。

だいたい、「ブレイキングダウン」に名乗りを上げる連中っていうのは、戦う動機が個人的な恨みや、単に「顔が気に食わねぇ」くらいの取るに足りない理由がほとんだよね。

主催者側からしてみたら、たったそれだけの理由でのマッチメイクじゃあ大して話題にもならないし、盛り上がりにも欠けることはわかっているはずだ。

朝倉君もそのことをよくわかっているから、二言目には、「（戦うべき）ストーリーはあるの？」が口癖だ。動機もなく戦うなんてのは、まさに野生動物でしかないからね。

俺も朝倉君とまったくの同意見だ。ストーリーのないことに手は出したくない。もし戦うストーリーや明確な動機がないなら、それなりのものを作り上げて臨まなければ、リングに上がるのはむなしいと思うね。

明確な動機に裏付けられたストーリーが戦う理由となり、生きていくための道しるべになるんじゃないかな。まわりもそれで盛り上がるしさ。

俺はもう45歳で、「ブレイキングダウン」に参戦している中では年長になったけれども、年を重ねてきた分だけ世の中の十字架を背負っているから、中途半端なストーリーで自分を奮い立たせるのはなかなか難しい。

でも、ストーリーさえあれば、自分で作ったにしても納得しさえすれば、すぐにでもリングに上がることができる。

「ブレイキングダウン」だけじゃなく、**何かに立ち向かおうとする時は「ストーリー」をないがしろにしちゃあいけないね。ストーリーはモチベーションにもなるわけだしさ。**

ストーリーを語るのは何も自分のためばかりではない。

ストーリーは相手の心を動かすにも最高の方法だ。

たとえば、ビジネスで何かを売る時も、ストーリーがあるとないとじゃあ天と地の差がある。

よくビジネス書なんかで、「営業ではストーリーを語れ」なんて書かれてるけど、あれはストーリーを語った方が売れるからだ。

「この包丁は、この道三十年の職人によって何年もかけて作られた……」なんて語ったら思わず飛びついてしまうお客さんはいるだろう。

ストーリーが人の心を動かすからだよ。

女性を口説く時だって同じだ。ストーリーを語った方がいい。

単に、「好きだ」というよりも、「クラスで一緒にいろいろな活動しているうちに、おまえのこと好きになっちゃったよ」って言った方が成功率は高くなるぞ。

俺は手間暇を惜しまず、ストーリーを求め、その名の下に行動することを心がけている。ストーリーがなければ、単なる茶番だよ。

喧嘩一つをとっても、犬の喧嘩と何も変わらないし、心と体にただ傷を残して終わるだけの不毛なものでしかない。

キャラクターの作り方とは？

意外に思われるかもしれないが、俺のキャラって自然なんだよ。

たとえば、俺がＹｏｕＴｕｂｅで男泣きしているシーンを見た人もいるかと思う。

「アイツ、演技しているな」って意図的に受け取られがちなんだけど、あれはあれで自然に泣いてたんだよ。


だいたい、俺はいつどんな時でも緊張するってことがまったくないんだ。

だから、自然なんだよ。

この自然なキャラクターはもともと備わったものだから、"ない"人から羨ましがられることがある。

「どうしたら（バンさんのような）ウケるキャラクターを身につけることができるのか？」って。

自然なキャラクターといえども作り上げていくことはできる。

そもそも、キャラクターは自分と関わる人や環境によって大きく左右されて、それを意識することで自然に作り上げられていくということだ。

言い換えると、「人間性」を築き上げていく上で一番大事なのは、自分と関わりを持つ人の存在だと思う。

火のないところに煙を立てるような厄介な人といつまでも関わり合っていたら、自分のキャラクターへの影響はさらに悲惨なことになってしまう。

もちろん、その逆もありだ。

要するに、自分が関わる人間によって意識も人間性そのものも変わるんだ。

だから、自分のキャラクターを何とかしたいならば、接している人をまずは変えてみるというのが手っ取り早いやり方だ。

キャラクターを作っていく上でもう一つ大切なことは、「自分らしさとは何なのか?」を自分で理解することだ。

人から見たら、「自分ってどう映っているんだろう?」って、自分を見つめることから始めるんだな。

そのために有効な方法は、「自分を映像化」するのが一番いい。

俺も活用しているけど、ＹｏｕＴｕｂｅはその手段の一つだね。アップしたあとに、客観的に自分を観察できるじゃない。

照れくさいかもしれないけど、意外に自分のあらが見えてくるもんだ。

わざわざＹｏｕＴｕｂｅにアップしなくても、自分が誰かと喋っているところをスマホで自撮りしてもいい。仕事中に、カメラを置きっぱなしにして回すのもＯＫだ。

あとから映像を巻き戻してチェックすると、会話では主語がない、ワードセンスがダサい、動きや話し方がせっかちでいかにおっちょこちょい……とか、10分も撮れば、自分がどれだけしょうもない人間か、ポンコツぶりの現実が明らかになるぞ。

これまで知らずに過ごしてきた自分のリアルを目の当たりにして恥ずかしくなるかもしれないが、これは自分というものを正しく知る有効な方法で、これをもとにして自分を見つめ直すのが、キャラクターを変える一番の近道になると思う。

俺もＹｏｕＴｕｂｅ用に撮って、編集で仕上がってきたものをその都度チェックするけど、その時々の自分の現実を目の当たりにさせられることはよくある。

「俺ってここ慌てて喋っちゃうんだな」

「この滑舌じゃあ聞きづらいだろうなあ」

「視線はどこ向いているんだ？」

とキャラクター作りの部分で大いに役に立っている。

「過去を忘れろ！　また新しい自分作りに取り組め！」

ってことになる。


これはもうキャラクターの進化につながっていく。

みんなが持っているスマホで10分もあれば簡単にできることだから、是非ともやってほしいね。

面倒くさい？　どれだけ自分が奇々怪々な動きをしているか笑っちゃうから、楽しめばいいいんだよ。


コソコソと、かつコツコツとこれを習慣化して、日々、キャラクターをアップデートできたら、**自分のストロングポイントも見えてくるはずだぜ。**

表向きのファッションセンスから内面の人間性、言葉によるコミュニケーション能力まで、知らず知らずのうちに効果が表れてくるはずだ。

関わりを持つ相手を意識しなくても、自撮りで自分自身のキャラクターをコントロールできるんだから。

いつでも最高速度だ！

今の世の中、「スピード」に勝るものはない。

とにかく、ボケッとしていたらオワコンになっちゃうくらいに、今は速い。人ものも考え方も流行も、次から次へとどんどん新しいものが出てきて、古いものと入れ替わっていく。

賞味期限があっという間にくるんだ。油断してたら、「まだそんなこと言ってんのか？　古いぜ」って鼻で笑われる。スピードをおろそかにしていたら置いてきぼりだ。

もちろん、ただのせっかちもだめだ。

まあ、がむしゃらに走り抜けようという気持ちは見上げたもんだけど、それは戦略なき暴走にすぎない。

ゴールする前にペースダウンして、ぶっ倒れたら元も子もないからな。

だから、「逆算」だよ。

戦略としてのスピードだ。

やみくもに走ればガス欠になるのは明らかだから、ゴールを設定したらそこから逆算してスピードを計算すればいいんだよ。

たとえば、ダイエットするとなった場合だ。

「今日から何も食べません」じゃあかなりの無理があるし、目標体重に達する前に倒れるか、ダイエットには成功しても、それと体調不良が入れ替わるだけだ。

そうならないためには、逆算して一日に食べる量をできる範囲内で調整して、スピードにつなげていくんだ。

もし、ノープランでやってしまったら大変だ。断食したかと思えばリバウンドで食べ過ぎたりで、かえってスピードは上がらない。

陸上競技の100メートルでいきなり9秒台を目指したところで、すぐには無理だろう。

まずは、今の自分の実力は？　そこから目標までの差を埋めるためには、どのようなトレーニングを積んで鍛えればいいのか？

レースに照準を合わせて「逆算」するんだ。

これが戦略としてのスピードだ。

先取りしてゴールを設定することの大切さを忘れるなよ。

「石の上にも三年」という。

どんなにつらくても辛抱していればやがて好転するから我慢も肝心っていう美徳を称えたことわざだ。

でも、今の時代はそんな悠長なことは言ってらんないし、ＳＮＳが席巻している時代だ。今日上げた動画は３日もすれば賞味期限切れでお払い箱にされかねないスピード感なんだ。


実は今、アンタが手にしているこの本も、スピードとの勝負だったよ。

本来であれば書籍の制作には半年から1年を要するのが出版界の常識だそうだ。

俺からすれば「そんな眠たいことを言うな」だ。

とはいえ、俺のそんな言い分は単なるわがままなんだろう。

でも、時代はスピードだよ。

読む側からすれば、「読めるものならば早く読みたい」だろうし、俺からしても、「早く読ませたい」なんだ。


出版社には随分と無理を言わせてもらったよ。俺もパンパンのスケジュールのごくわずかな隙間を見つけて取材や執筆に奔走した。

4カ月弱で仕上げたものが今、アンタが手にしているこの本だよ。俺の戦略の一つであるスピードが可能とした本だ。

ただし、この本だけは急がずにじっくりと読んでくれよな！

第2章
仲村流 インパクトの残し方

インパクトを残せなきゃあ生き残れねぇぞ

俺の武器ってわかる?

ＹｏｕＴｕｂｅを見た奴ならすでに経験済みだろうが、もう俺のワードも黒いツラも、派手な赤いジャケットとサングラスも、頭の中に刷り込まれてしまっただろ?

「ブレイキングダウン」のオーディションを見た奴は、すぐに俺のＳＮＳにアクセスしたに違いないと思う。

インパクトだよ。

赤いジャケットが武器なんじゃないぜ。あれはインパクトを際立たせる一つの小道具で、インパクトそのものはパフォーマンスであり、インパクトを与えるノウハウが武器だ。

では、俺なりに編み出したワードや金言をどのタイミングで繰り出すか？タイミングや使うワードを間違えばインパクトはボケだして、せっかくのワードは宝の持ち腐れになりかねない。

難しい？
大丈夫だよ。もし、おまえが俺のインスタグラムやＹｏｕＴｕｂｅでの言動にインパクトを受けたんならば、思い起こしてみな。

「なぜ、自分はバン仲村に衝撃を受けたのか？」って。

その理由がインパクトを与えるやり方の一つだと考えたらいい。

言葉に目を醒まされて、人生を変えるような一言があったならば、それらは万人に共通してインパクトを与えるわけではないけど、少なくともおまえの心に響いたということだ。それを大事にしてくれ。

それをおまえなりに解釈してさらに磨きをかけて、「ここぞ」という時に相手に投げかけてみな。

それがインパクトを残すかもしれないぞ。

そうしたら、その時に築かれた人間関係は特別なものとなり、おまえの人的財産になる。

読書からでもいい。映画からでも、格闘技を観戦したことからでも、おまえの心を揺さぶることが絶対にあるはずだぜ。

それを一つでも多く感じ取れ。きっと誰かにそれを伝えずにはいられなくなるはずだ。

俺の言動に感動したならば、インパクトが何たるかを知ったわけだから、次はおまえが人にインパクトを与える番だ。

どんな小さなことにでも感動のできる人間ならば、絶対にそれができる！

見た目は最大の武器

インパクトとは、相手の心に〝自分というもの〟を残すことができるか、その印象づけそのものだ。

面接やプレゼンテーション、営業活動とかじゃ、いかにして競争相手と自分とを差別化して好感を持ってもらうか、有利に事を運ぶことができるかがカギだ。

たとえば商品を売る時、真面目にビジネスの正当性をセールストークしても、相手からしたら何度も聞かされてきたお題目でしかないかもしれない。

だってそうだろう。ライバルたちも同じように真面目に売り込んでいるのは想像がつくじゃない。だから、「ご苦労さんでした。ハイ、次」ってなるわけだ。

準備してきたセールストークをいかにして相手に印象づけるか、つまりプラスアルファをつけられるかが肝心だ。

それがインパクトとなって相手の心に留まり、ボディブローとなってジワジワと翻意させるんだ。

売り込む商品だけじゃない。

「コイツ、面白い奴だな」と自分自身を惚れこませてしまう。

そこまで強烈なインパクトを与えることができたらシメたもんだ。


仕事もうまく進むだろうし、相手との関係が単なる仕事上の信頼を超えて「友好」にまで昇華する。


「また会ってコイツの話を聞いてみたい」って思うだろうし、さらに「コイツって何者なんだ?」って謎めいた印象を抱かせて、興味を持たせてしまう。

たとえば、俺は今、「ブレイキングダウン」参戦の効果も手伝って、ものすごい数の仕事のオファーやその関係者らがひっきりなしに訪れ、名刺と顔がまったく結びつかないくらい人の出入りが激しくなっている。

「先日は取材で貴重なお話をお聞かせいただきありがとうございました」って、馴れ馴れしくされても、「エッ？　アンタ誰だっけ？」ってなもんだ。

1回や2回会っただけじゃあ顔なんて覚えられねぇよ。

でも、それを見越して、意図的に金色のスーツに金髪染めで来たら、「知らない」じゃあ済まされないだろうな。

これもインパクトを与える一つの手段だが、この程度の「見た目」だけでもインパクトが残せるんだから、思いっきり工夫してやってみろよ。

それくらいはやる根性で臨まなきゃあ、前には一歩も進まないんだ。


俺は今ではトレードマークと思われているのか、仕事先から必ず、「赤いのを着てきてください」って言われんだけども、これは明らかに「ブレイキングダウン」の最初の時のインパクトの効果だよ。

面接会場が黒で埋め尽くされていたのを覚えているだろう。そんな中を俺は赤いジャケットに赤いフレームのサングラスで登場した。

あのたった1回にすぎなかったことが、こうしてインパクトとして轟いているってことだ。

カズレーザーだと言われることもあるが、それはそれでいいんだよ。

パクリと言われたところで、もうみんなの中に、「バン仲村は赤」って、視覚から一つの大きなインパクトを刻みつけることができたわけで、「赤」は俺の代名詞として一人歩きしちゃったわけだ。

断っておくけど、たまたまじゃないぜ。

こうなることを計算した、第1章でも書いたけど、「逆算」だ。

みんなもパクレばいいじゃん。

真っ赤なネクタイをした営業マンってなかなかいないと思うけど、それもいいんじゃないか。

もし、好感度を大切にしているからそんな発想なんて無理と思っているなら、甘いね。

これくらいは最低限の自己主張で、見た目だけで簡単にインパクトを与えられんだから使わない手はない。

「見た目は武器」なんだから。

自分をさらけ出せ！

俺のSNSによくくるコメントがある。

「職場では異性と話ができるけど、プライベートとなると思ったようにはいかない」

特に男性に多い。俺に言わせりゃあ、カッコつけようとしているのか、デキる人を演じようとしているのか、必要以上に自分に高いハードルを課してしまっているからだと思う。


わかるぜ、自分をよく見せようというのは。何もプライベートまでデキる上司でいなければいけないことはないし、仕事を離れたらちょっとまぬけぐらいのキャラの方が母性をくすぐるはずで、それがおすすめだ。

二人でいる時にドジを踏んだり何か失敗しちゃったら、「ゴメンネ、てへぺろ」じゃないけど、**無理して失敗するよりも素直に愛想よく振る舞う方が、相手にとっても和むし、いい。**

俺もそうだけど、まわりも部下も、こっちがあえてデキるところを見せつけようとしないでも勝手に見ているものだ。

俺の実体験から断言する。

「ここがすごい、あそこがすてき、そこのセンスが最高」なんて向こうから勝手に言ってくる。だったらむしろできないところを見せた方が、好感度が上がるぞ。「可愛い」とか「支えたい」って思うはずだから。

いいか、とにかくハートフルに自分をさらけ出すんだ、できれば、さらけ出しつつも相手をちょっとでも「クスッ」とさせることができたら、もうこっちのもんだ。だから、背伸びはやめろ、ベルトを外しちゃって半分ケツを出しながら仕事をやるのもいいんじゃないか。

いや、あくまでもそれくらい肩の力を抜いてリラックスしろってことだから、勘違いするなよ。本当にケツを出したら単なる変態野郎で、みんな引いちゃうからな。

それと、間違っても自慢話なんてするなよ。

「俺はこんなに成功した」

「こんなにすごい奴なんだ」なんてのは論外だ。

「自分をさらけ出す」ことには他にも大きなメリットがある。

さらけ出せば出すほどにまわりからの信頼のレベルが上がっていくということだ。

だから、俺なんかふだんの生活では、パジャマ姿にサンダルをつっかけてチャリンコをその辺で転がしている。

親しみを持って見られ、知り合いの女性もうちの従業員も、ホッとしているようだ。

これが朝から晩まで赤いスーツにサングラスをかけて肩をいからして闊歩でもしてみな。まわりから人はいなくなること間違いなしだ。


どんどん自分をさらけ出せ。

もったいぶって隠し立てなんかするなよ。

堂々と見せつけることだ。それによって相手の信頼を得られるし、親近感を持ってもらえるはずだ。


そもそも隠さなければならないほど立派な〝何か〟でも持っているのか。隠さなければ恥ずかしいことでもあるのかよ。

せっかくだから見た目のいいところを見せつけるんだ。

相手を観察して丸裸にしろ！

確かに「見た目は武器」だ。
だからといって、誰もが見た目で勝負ができるとは限らないのも事実だ。

ファッションだけでどうにかなると思うか？
女性にモテたいと思うならば、よっぽど容姿に自信がなければ……。
いや、たとえイケていたとしても、「イケメンが絶対」というわけにもいかない。
好みもあるしな。
見た目でカッコばかりつけているとかえって敬遠されるぞ。

ここで生きてくるのが「見抜く力」だ。

カッコをつけて自分を演出する前に、相手を陥落させるにはこの力が何としても必要なんだ。


相手が何を求めているのか？

それが見抜けるかどうかだ。


見た目なのか、面白い喋りなのか、安心感を与えてくれる落ち着きなのか……。

見抜くことができれば、次に何をどうしたら相手を納得させたり、陥落させたり、口説き落としたりできるかわかるはずだ。


いいか、まわりに振りまわされるなよ。自分の頭で考えることを忘れるな。

その現場とその瞬間はおまえが仕切っているわけだから、万国共通の決まったやり方なんてないんだ。

「バン仲村が赤でウケている」からって、その時の状況をまったく考えもせずに赤で身をかためていたら、おかしな奴だと思われるぞ。

「見抜く力」って難しい？

まあ、マニュアルがあるわけじゃないから、いきなり「見抜け」っていわれても戸惑うかもな。

結構、経験値がいるんだな、これが。

たとえば、女性をいかに落とすか。

同じやり方で女性を口説いても、相手によっては受け取られ方が違う。

以前うまくいったからといって、他の子にもそれが通じるとは限らないのはわかるだろう。同じ相手でも時と場合によって反応が変わることだってあるはずだ。

まず、この場合は最初から相手にインパクトを強く残そうとは考えない方がいい。**女性を口説く場合はインパクトよりも観察が大事だ。**インパクトが強いと、相手もそれに応じて警戒してしまうことがあるから次が続かない。

とにかく、まずは普通でいることが大事。

多くを喋らず、まったくの口下手でもだめだが、会話は控えめにする。

合コンを例に考えてみるか。

いきなりお目当ての女の子のところにまっしぐらはやめといた方がいい、安っぽい。

まずはその子が口説かれているところで聞き耳を立てて、その子が喋っている姿をしっかりと観察するんだ。

俺の経験からいうと、他の男がガツガツと向かっていれば、次に控えるおまえはオイシイ思いにあやかる可能性が高いね。

だいたい「我先に」と自分から最初に行っちゃったら失敗する。だから、二番手三番手でも慌てることなく、他の男の口説き文句や態度を横目で黙って探る。

同時に、それに対する女の子の反応から彼女自身を見抜くんだ。

「あっ、(彼女は)こういうのが嫌いなんだな」とか、関心事はこれだとか、場合によっては性格を掴むこともできる。

ガッついて「デートしよう」とか、ストレートに「好きだよ」とか、「これいいだろう」とブランドものを見せつけたりするのを嫌そうにしていたら、おまえはどうすればいいのか、もう答えは出てるじゃないか。

その仕込んだネタを利用して、いよいよおまえの出番だ。

だから、誰かが真っ先に立ち上がってくれたら、「ラッキー！」と思いな。しかもその行き先が自分のお目当てなら、これはもうシメたもんだ。

ただ一つ注意すべきことがある。

たとえいい方向に向かいつつあっても、調子にのって主張し過ぎないことだ。

まだ「相手が何を求めているのか」がはっきりしないうちは慌てず、口説いている中で模索しながら、**確信が持てるまで見抜く作業を続けることを忘れてはならないぞ。**

これはビジネスの世界でも同じだ。

相手にインパクトを与えることは必須だけれど、おまえが自信を持っている見た目やセールストークは、万人に通用するものでないということを忘れないことだ。

なぜ仲村の言葉を全国の小学生がマネするのか?

俺はイベント系の仕事と相性がいいみたいだ。クラブやアワード、学園祭、卒業式に成人式、そうそうハロウィンもクリスマスもお呼びがかかったな。

赤い服を着ているから、主催者からしたらサンタクロースみたいなもんで、クリスマスなんかにはもってこいなのかもしれない。こうなると、マスコット化しちゃっている感じだな。

ＹｏｕＴｕｂｅのフォロワーの伸び方が芸能人のそれと相通じるものがあるみたいだから、俺は芸能界のような人気商売には向いているのかもしれないな。

そもそも芸能界は、自然に振る舞ってのし上がれる世界じゃない。ちゃんと計算された人たちが上がってきているはずで、俺がやっていることと本質的に同じだからな。

そう考えると、俺は芸能界でも全然いけると思っている。

その証というわけじゃないけど、今全国の小学校ではバン仲村の言葉をマネする小学生が多いと聞く。

子どもたちはよくテレビの人気タレントのマネをするけど、それが結果、流行を生んだり、人気のバロメーターにもなっている。

俺もそのうちの一人なのかどうかはわからないが、俺の言葉が子どもたちの心に響いているということは確かなようだ。

その証拠に仲村のＬＩＮＥスタンプは発売3週間で1万セットも売れた。特に学生の購入が多いと思う。

なぜって？　答えは簡単だ。

誰もが日頃から使う言葉を、短くわかりやすく、しかもひらがなでも表現できるくらいにして、なおかつハートフルに発しているからなんだと思う。

実際ＬＩＮＥスタンプの内容は、「どういうこと？」「バカヤロー」「アンタでもいいよ」など、誰もが簡単に使える言葉だ。

ただし、俺はありふれた言葉や表現でも音感を意識している。

たとえば、「久しぶり」だ。

今じゃあイベント会場で、俺が登場して「久しぶり」って言うだけで、「ワァーッ！」って歓声が上がる。

日常の何の変哲もない挨拶の一つにしかすぎないのに、結構、ハートフルな単語だと思っている。

俺は見た目が怖そうなオッサンかもしれないけども、この「久しぶり」がみんなとの距離を縮め、親近感をもってくれるんじゃないかな。ちょっとイントネーションを変えて「久しぶり」と言うだけで、さらに明るさを表現することもできる。

「ブレイキングダウン」で、〝因縁〟の瓜田に約10年ぶりに会った時も、第一声が「純士、久しぶり」だった。

しかもメチャクチャ笑顔を作った。あれは相当意識してやったことだ。

アウトローのカリスマとして恐れられている瓜田純士に対して、いきなりフレンドリーに「純士」と呼び捨てにした。

「バン仲村は一体何者なのか」と会場の空気は凍りついたと思う。
まわりはみんな、度肝を抜かれたはずだ。
かなりのインパクトだったと思う。

結構な笑顔だったから、小学生でもマネができるんだよ。
あれが、「ぶっ殺すぞ」じゃあ、ここまで広がらない。
ネガティブなことは言わない。
いつもハートフルを心がけることが大事なんだ。
小学生はまだ純粋だから、こんな俺のハートフルな態度を認めてマネをするんだ
と思うな。

段取り九分（くぶ）

今はプロセスを作れる人間だけが生き残れる時代だ。

それができなければ〝その他大勢〟で、何の面白みも緊張感もない人生で終わってしまう。

ひらめきだけで行動したり、度胸がいいと言われようがイチかバチかでやっている奴は、**たまたまうまくハマることがあったとしても、最終的に勝者にはなれない。**

勝つことにおいて、プロセスがさらに輪をかけて重要な時代に入ったと思う。

そのために、真っ先に頭に入れなければならないのが、「段取りで九分決まる」ってことだ。同時に「戦略も九分」を忘れてはダメだ。

今、世の中で成功している人やウケている奴は、みんなこれを実践している輩だ。たとえば、ＹｏｕＴｕｂｅの世界のレペゼンたちだ。ただノリや勢いだけでやっているわけじゃない。

明るく元気な子を装っているけども、「どこでどうぶつけていくか」をちゃんと計算した戦略が透けて見える。

これは自分自身のことを知っているからできるんだ。

まわりからどう見られているかがわかるから、それを利用して戦略化された見せ方ができる。

「ブレイキングダウン」で、主催者のＹＵＧＯさんと俺との対戦カードが決まった時のことを覚えているか？　あれは成り行きでああなったわけじゃない。何カ月も前から組み立てていたストーリーだ。俺が「ケンカバトルロワイアル」を買い取った時から始まったストーリーなんだよ。

俺は「ケンカバトルロワイアル」でテッペンに立ったわけで、「ブレイキングダウン」のテッペンにいるＹＵＧＯさんと対戦するとなると、この時点で代表同士のテッペンをかけたストーリーが成り立つわけだ。

ここにいたるまでの段取りはちゃんと踏んでいる。だいたい、瓜田との対戦を望んでいたのにそれが叶わなかったから、「ＹＵＧＯさん、アンタでもいいよ」なんて、その場の思いつきで言えるわけないだろう。

瓜田との対戦の実現性や、考えられることをシミュレーションして出した、大きな選択肢の一つだ。

出たとこ勝負の思いつきじゃなくて、そういったプロセスがあるから会場はそのサプライズに納得するし、大いに盛り上がったわけだよ。

これが段取りの醍醐味で、「段取り九分」の根拠だよ。

バン仲村にとって一番重要な戦略は「準備」なんだ。

「段取り八分」ってことわざがあるが、俺からしたら「段取り九分」。これが仲村の流儀だ。

こうなると準備しないのは1割にすぎず、もうどちらに転んでも対応できるだけの状況は想定していて、シナリオはほぼ出来上がっているから慌てないで行動ができる。

ふだんの何気ない会話も大事だ。会話一つにも考え抜いた段取りがあるからだ。

たとえば、俺が「ブレイキングダウン」の最初の登場シーンで、「純士、久しぶり」と言ったのを覚えているだろ？

この時、（瓜田）純士が俺のこの呼びかけに反応してくれる可能性もあれば、反応してくれない可能性もあった。

俺はどちらでもインパクトを残せるようにシミュレーションをしておき、その後の流れを準備していた。段取りだ。

結果、純士は俺の言葉に反応してくれたから、準備していた段取りであのような展開に持ち込むことができたんだ。

この一連のやりとりについては、ＹｏｕＴｕｂｅを確認してもらいたい。
その後に大きく展開することになったバン仲村の初登場のシーンだから、よくチェックしておくようにな。

どうだ？
これくらいなら、誰でもできるだろ？

何かを話す前に相手が「Ｙｅｓ」か「Ｎｏ」か、どちらの流れにも対応できる用意をしておく。

これは学校の友だちでも仕事上の相手でも使えるんじゃないか？

もちろん、恋愛にだって使える。
告白をしようって場合ならこうだ。
「ヨシッ、今日こそ告白するぞ！」と覚悟を決めた瞬間、断られた時の対応なんて考えていないだろ？

おそらく、告白することで頭の中はいっぱいで冷静にあれこれ考えている余裕などないよな。

それはよくわかる。

でも、そこで一歩立ち止まって考えるんだ。

「Ｙｅｓ」なのか「Ｎｏ」なのか？

シミュレーションするんだ。

「Ｎｏ」ならば、「そっかそっか……ハハハ」で終わらせてしまえる準備をしとけばいいわけだ。

他の選択肢としては、言い方を換えてもう一度告白にチャレンジするか、それとも、「１カ月後にもう一度あらためて言うから待っていてほしい」と言ってひとまず撤退するのもいい。

その後の相手の様子を観察して自分のロジックを準備するんだ。

ただ、準備を十分にしたつもりでも気をつけなければいけないこともある。

キーワードは〝臨機応変〟だ。

会話というのはまったく予想不可能な方向に進むこともある。そんな状況に陥ったと判断するや、用意していたシナリオを一瞬にして捨て去り、瞬時に頭をフル回転させる。

まさに臨機応変だ。

俺はいつでも人との会話は真剣勝負だ。

その場限りの会話だったとしても、「言霊」といって言葉の持つ力は重い。

たいがいの人は会話における言葉にそれほど気をまわした準備をしていないだろうから、いざという時に焦りが生じる。

「あっあっ……」ってなっちゃう。

一言二言、気の利いたセリフの準備さえしておけば避けられたかもしれない。

言葉一つで迫りくる危機を最小限にして免れることができるんだ。

だから、「Yes・Noロジック」は必ず用意しておくといい。

言葉の使い方は引き算が大事

言葉の力は偉大だ。

誰でも使い方一つで相手の心をグイッと引き寄せ、鷲掴みできてしまう。

みんなそんな言葉のすごさに気づいていないし、そもそもまったく使いこなせていない。

誰だってどんな言葉でもどんなフレーズでも自由に使い放題なのに実にもったいない話だよ。宝の持ち腐れじゃないか。

俺は「ブレイキングダウン」に90秒しか出ていないが、その時の言葉を思い出してほしい。まさにあれだよ。

朝倉未来君が自身のＹｏｕＴｕｂｅで、「バンさんが会場に入ったとたん、全員凍りついていましたよ」って言ってたけど、俺は暴れたわけじゃないよ。

ワードで凍りつかせたんだぜ。

どうすればそうなるのか？　そうできるのか？


まず大事なのは、「言葉のバランス」だ。強い言葉ほど物腰優しく、弱い言葉ほど強く言う。


ところがどうだ、みんなは一本調子で強いか弱いかどちらかのトーンだけで訴えようとする。

そんな極端なことでは人の心には響かないし、残らない。

ファッションは足し算だけじゃなくて、引き算もあるよって言うんだけども、まさに言葉もファッションに通じるものがある。特に大事なのは「話し方」だね。

たとえば、若い子が、平気で「殺すぞ」なんて強い言葉を使ったりするけど、そんな時は決まって大きな声で、その声とセットで鬼の形相ですごんでくる。

俺だったらまったく逆だね。

「殺しちゃうよ」って満面の笑みで、そして小さな声で言うね。そうすることで可愛さが出るじゃない、それがいいんだよ。そういう激しい言葉を笑顔で言うことでその落差が相手に効果的に響く。

「強い言葉ほど、優しく、小さな声で」が仲村流だ。

優しい言葉の中にも牙があったり、逆に牙のある言葉ほどあえて優しく言ったり笑顔で言ってみたりして、言葉が持つ不気味さと謎めいたものを自由に表現できれば言葉のマジシャンだよ。俺はそれを自認しているよ。


まず言葉でもって相手を虜にするために、絶対にやっておくべきことがあるので忠告する。

それは、相手に聞かせるための態勢作りだ。

どんなに巧みに言葉で表現できても、それを聞いてもらえなければまったくの宝の持ち腐れ。

特に、「ブレイキングダウン」の、殺気だって屁にもならない自己主張を繰り返すだけの人間たちの中で、人の話に耳を傾けようなんて奴はいないよね。

そんな中で話を言い聞かせるにはコツがいるんだよ。


俺は大勢の中で言葉を発する時は、まず、大きい声で「おい」「おい」と言うんだ。みんなの目を俺に向けさせ集中させるためだよ。

「おい」で聴衆を否応なしに引きつける。引きつけ終えたら少し、間をとることが必要だ。それから話し出すんだ。

いたってシンプルな方法だが、これがなかなかできない。

この聞かせるための態勢作りをしなかったら、俺の声もあの集団の中に埋もれてかき消されて〝その他大勢〟で、せっかくの言葉に日の目を見せることができない。
馬の耳に念仏どころか、それ以下だぜ。

バズワードの作り方

「よくもそんなに次から次へと名言が出てきますね」

視聴者からよく言われるが、あらかじめ用意しておき、ウケを狙っているわけじゃない。

自然と口をついて出てくるものだ。

とはいえ、誰だってこうして名言が思い浮かぶ方法はなくはない。バズワードの作り方にも仲村流がある。

俺の動画を見た人ならわかると思うが、「ブレイキングダウン」の参加者に「(おまえ)サーティワンアイスクリームみたいだな」って言葉を投げかけたら会場中で大ウケで、視聴者からもたくさんのメッセージをもらった。

おそらく、「サーティワンアイスクリーム」でバズらせることができるのは、俺くらいだろう。

なぜウケたか?
まずは誰もがこのワードから容易に絵をイメージできることだ。
動画であれば、みんなの目にも映っているものをターゲットにする。
俺にしかわからないものを言ったところで何のことだかわからないだろ?

誰もが理解もイメージもでき、頭の中をよぎりそうなことを言葉にして投げかけるんだ。

サーティワンアイスクリームの例でいうと、言われた参加者は派手な色の服を着て髪は赤く染め、見るからにカラフルそのものだった。サーティワンアイスクリームがカラフルなことは誰でもイメージできるから、イメージが共有されて「プッ」とみんな吹き出したという寸法だ。

言葉もイメージも、小学生でもわかるじゃないか。

これもポイントだと思うよ。

じゃあ、今ここにピーター・パンみたいな奴が現れたとするとどうだ？

俺は「ピーター・パンみたいだな」とは言わない。だってそのもので別に俺があえて説明するまでもないじゃないか。

誰もがそう思っているわけで、食いついてこないよ。だから、たとえばだが、「おまえは一生、ディズニーランドに行ってろよ」って言うかな。ピーター・パン、イコール、ディズニーランドで容易に連想してもらえるからな。

要するにバズワードにまで持っていくのって、こうした方程式があるようでないようで、要はセンスの問題だよ。

得手不得手もあるだろうが、センスは磨くことができる。

ふだんから言葉の使い方や表現を意識するだけで自然とトークセンスは磨かれて

いくものだ。
それこそ、慣れてきたら、俺みたいに息でもするように言葉が溢れ出てくる。

第3章

人はこうして魅了しろ

大きなギャップを作りだせ！

「第一印象が肝心」とよく言うがどう思う？

最初に抱いた印象がそのまま定着してしまい、以降、ずっと、「アイツはこうだ」と決めつけられてしまう。

実はただの偏見なこともあるが、それほど第一印象ってのは影響力があり、肝心と言われるゆえんだ。

このことをうまく使わない手はない。

「見た目」も広い意味で第一印象のうちに入ると思うけれども、これは肝心とはいえ自分の力ではどうしようもないよな。

不細工な面だろうが、チビだろうが、持って生まれたもんなんだし、化粧やヅラ、かかとの高い靴を履いてごまかすことが多少はできるだろうが、それでそいつの本質が変わるわけじゃない。そこまでして違う自分を作るのはむなしい。

俺は何も隠したり小細工したりする必要はないと思うね。むしろ、それを魅力的に変えることが重要だと思っている。

キーワードは「ギャップ」だよ。

どうすることもできない「見た目」という現実と、実際は「見た目」とは違う本質とのギャップをことさら強調するんだ。

そうすることでキャラクターが新しく生まれ変わったように際立つ。

相手にインパクトを与えたり、魅力として伝えることができる。

たとえば、俺なんかどう見ても見た目は強面だろう。

ムスッと睨みつけられたら、「怖い人かも」って恐れられるよ。

肌の色は黒いし目つきもちょっと鋭いときてるから、普通の人ならば引いてしまう。

突っ張った野郎なんかだと逆に、「ガン飛ばしてんじゃねぇぞ、コノヤロウ！」って突っかかってくるかもしれない。

こっちも言葉を乱暴に、肩をいからせてその野郎に向かっていけば小競り合いにもなり、見た目通りの期待に応えることができると思う。


でもこれじゃあ、野生動物と一緒だよ。

だから、「ギャップを意識しろ」なんだ。

「ギャップ」は見た目とは逆の、たとえば、俺の場合だと本来持っている強面を強調するんじゃなくて、真逆の「ニコッ」と笑うとかするんだよ。

現実とのギャップを作りだし、演出するんだ。

見た目からは想像もしなかったそんな笑顔に相手はたじろぐ？

凍りついてしまう？　目が点になる？

上等じゃねぇか。それがギャップの効果なんだ。


ギャップが大きければ大きいほど、深ければ深いほど、効果は大きく跳ね返ってくる。


そもそも人を恐怖で支配することなんてできない。

暴力や言葉で威嚇して人を黙らせたところで、それを支配したなんて思っているような奴は救いようがないね。

俺がこういうことを言うのは意外だって？

もしそう思うならば、これがギャップだよ。

ギャップをうまく利用した人心掌握術とでもいおうか。

いい人間関係を築く方法だと思うね。

方法は何も笑顔だけじゃない。

見た目が怖いからこそ、喋りは誰よりも丁寧に、わかりやすい言葉を使って、相手に応じたボキャブラリーで対応するんだ。

俺はこうやってギャップを意識して、人と向き合う時に活かしているよ。

せっかく"怖い人"に見えるらしいんだから、これをアドバンテージに変えてしまうギャップをうまく利用しない手はないよな。

だから、「この人は一体何なんだろう？　怖いと思ったら可愛いし、怖いのに丁寧に喋るし、怖いんじゃなくて優しいし……。かと思っていたら、戦わせるととんでもなく強いし」

ってなるんだ。

見た目とは逆のところを相手に意識させることができたら、自分の魅力を十二分に伝え切れると思う。

ギャップをキャバクラで応用するとこうなる。

オジサン仲間と女の子を口説きに行ったとする。仲間らは「LINE交換しようよ」「アフター行こうか」「今度、デートしようぜ」って、脂ぎって口説いていたとする。

それを横目に、俺は指名一位の子にこう言うね。「おまえなんて興味ねぇよ」って。

そうすると、その子は絶対に俺に興味を持つから。彼女たちは〝夜の蝶〟のプロとして色気を振りまき、スケベオヤジをデレーッとさせ、お金を使わせようとしているのに、「興味ねぇ」って言われたらどう感じると思う？

「何で輝いている私に興味がないわけ？」ってムキになってくるだろう。

そうなりゃあ、こっちの網にひっかかったも同然で、主導権は俺のもんだ。

これが「ギャップ」を利用した効能なんだ。

一流の詐欺師ってのは、まさにギャップ使いの名人かもしれないな。

真っ黒なスーツに髪はオールバックやパンチパーマの詐欺師っていると思うか？

こんな格好ならすぐに廃業だな。

一流の詐欺師ほど、清潔感があって好印象を与える。七三分けで丁重な対応で紳士然としている。

詐欺の被害にあった人は好印象に惹かれ相手のペースにハマり、気がついたら一転、その腹黒さと薄情さに心がズタズタにされて絶望させられる。

これもギャップだよ。

強面でもなければばいかつくもない自分は、どんなギャップを意識すればいいかって?

毒を吐けばいいと思う。

たとえば、おとなしいと思われている人の場合だ。

同僚の前で、ふだんからは想像もつかないギャップを感じさせる、毒のある上司の悪口を言うとするじゃない。

「あの部長は○○だけど、実は結構しぶてえよなあ」

この毒にあてられた同僚たちは、「へえ〜、この人ってそんな見方をするんだ」って好感を持つかもしれない。

この毒のある言葉にしても、見た目を逆手にとったやり方にしても、このギャップがもたらす効果ってのは会話のつかみになるんだよ。

会話にスムーズに入り込むきっかけにもなれば、話を一気に盛り上げることもあるし、要はその場の雰囲気をフレンドリーに和ませてくれるよ。

だから是非とも、「ギャップを意識しろ」よ。

今をぶち壊す勇気を持てるか？

この本の読者には若かろうが、還暦を過ぎていようが、常に新しいことに挑戦してほしいと思う。

人は何かを始めようとすると、ある程度の覚悟を必要とする。それが新しければ新しいほど、リスクをともなうことがあったり、お金がかかったりもすれば、まわりはいい顔をしない。

いやせっかく意を決して立ち上がったのに、反対されて行く手を阻まれることさえある。

まわりの心配はわからないでもない。

「何かあったら」と物心両面の心配は尽きることはないだろう。

けど、それで諦めるのか？

何かを始めようと挑戦に立ち上がった人よ、よく考えてほしい。たった一度きりの人生、まわりの心配や意見で簡単に挑戦をやめてしまうのか？

確実に言えることがある。

挑戦をやめたら、年をとって人生を振り返った時に間違いなく後悔するだろうということだ。

後悔せずに、これから挑戦を先に進めるために大事なことは「壊す勇気」だ。

たとえば、以前からやってみたかったラーメン店。始めるためには今の会社をやめる勇気がいる。

やめないで安定した人生を送る選択肢もあるが、やらずに後悔するのは忍びないことだ。

今いる場所ではなく、違う場所で心機一転、勝負してもいいじゃないか。

極端な話だが、挑戦のために女房や彼女の反対が障害となって、なかなか先に踏み出せないかもしれない。

無責任に聞こえるかもしれないが、俺はそれならば別れてしまえばいいじゃないかとさえ思っている。

新しいことへの挑戦には勇気がいる。

今を壊す勇気が必要なんだ。

壊してしまう勇気がなければ、その先の景色は永遠に現れないし見ることはできない。

リスクがあるのは当然だ。

それを覚悟で乗り越えるから、乗り越えようとする勇気もあるから、挑戦は素晴らしい。

たった一度きりの人生を生きる醍醐味だ。

俺はそれらの勇気のおかげで、今、こうしてここまで来ることができた。


だって、そうだろう?

いきなり「ブレイキングダウン」に登場したかと思いきや、不起訴になったとはいえ、自分の口からわざわざ「傷害・恐喝・器物損壊」の過去をさらす。

常識で考えたらおかしいだろう?


俺だって本来ならばそんな話はしたくないし、あえて言わなくてもいいことだったと思う。

会社の経営者として食べさせていかなければいけない従業員がいるし、友人もいるし、もちろん、家族だっている。あの発言で仕事も家庭も何もかも失う可能性だってあった。

「社長って、そんな過去があったんだ」と、引いてしまう従業員が出ても不思議はないし、実際、俺自身が、「俺は傷害、恐喝、器物損壊で逮捕されたことがある」ってさらしているわけで。

まわりはこれからも積極的に関わろうと思うかい?

「檻の中に入ってろよ」と言われるのを覚悟して登場したんだよ。

俺にとっての壊す勇気であり、新しいことへ挑戦する勇気だよ。

過去を恥ずかしがらずに行動したことで、「今はちゃんとやってるんだからいいじゃん」って視聴者は認め、受け入れてくれたよ。

それでＹｏｕＴｕｂｅｒとして、日本でもトップクラスに注目されるようになったわけだよ。

現状を壊しまくって是非とも新しいことに挑戦してほしい。

たった一度きりの人生じゃないか!

死ぬほど本を読め！

俺は若いころからとにかく、片っ端から本を読みあさった。

新聞にも必ず目を通していたし、活字中毒って言われてもまったくおかしくないくらい本とにらめっこしてきた。それは今も同じだ。

小説にはあまり手を出さなかったが、哲学書や自己啓発本、それにビジネス書は次から次へとむさぼるように読んでいたね。

忙しい時でも時間を見つければ本を開いていたし、1日1冊のペースで読破していた時期もあったな。

寝床に入ってそのまま本を読みながら眠りにつくなんて生活で、活字を自分のうちに刷り込む作業でもしていたんじゃないかと思うこともあった。

「本は自分の取扱説明書だと思え」って感じさ。

本には悪書も良書もあるだろうし、自分の興味や関心の対象外のものもある。とはいえ、中身が不毛でまったく何の役にも立たないというものはないと思う。**本の中には必ず、自分の人生に役立つ箇所が一つや二つはあるもんだ。それで書籍代のもとはとれている。**

そんなキーワードを発見した時の喜びは何にも代え難い学びだ。１５００円で買った本でも、読み進めていくうちに自分の中から自信を生み出し、１億円の価値のある仕事にまでつながっていくことだってあり得るんだ。

読書によって生み出されるものはお金に換算できない無形の財産で、俺にとっては宝物だ。

俺の部屋の一つにはそんな本の群れに囲まれた空間があるが、読み終えたからといって飾っているだけの粗大ゴミじゃない。またページをひもとくかもしれないから捨てられない宝物のまんまだ。

「そういえば、あの時のワードは何だったっけなあ……」って、本棚から引っ張りだして〝取扱説明書〟を読み返して確認することもある。

本はただ読んでおしまいにするんじゃない。俺にとって言葉は日常生活だけじゃなく、SNSで発信していく上でも精巧に仕上がった武器みたいなものだから、ボキャブラリーが豊富であるに越したことはない。

本はボキャブラリーの宝庫だ。

本から引用した言葉をただ学ぶだけでは能がない。自分なりの言葉に換えて言葉を自分のものにする。

それが本を読む醍醐味だ。

読んだ中から引用した言葉を〝料理して〟、自分のお気に入りの〝味付け〟をしてから人前に披露する。

たとえば、自伝を読んで感動し、その中から肝心な成功体験の話を引き出すとする。そのまま引用して人に話して伝えたところで、聞かされた方は同じように感動するとと思うか?

「あっ、そう」って、期待された反応を得られずにやり過ごされてしまうことだってあるさ。

だから、俺は本を読んでいる時はいつも、自分に問いかけながらイメージを描いている。

気になるところは何度も読み返したりもする。

「(作中の)**この人の言動はなかなかだが、俺だったらさらにこうしたらと思う」と、本と対話している感じだ。**

そこまでして読み込み、自分の中にいったん取り込んでから外に向かって発するストーリーや言葉っていうのは、相手を納得させる力を持っているんだよ。

せっかく貴重な時間を使って読書をするんだから、よい読み方しような。

人生が変わるかもしれないぞ。

アンチを最強の信者に変える方法

俺はＹｏｕＴｕｂｅやインスタ、ＴｉｋＴｏｋもそうだけど、コメントの数が３０００件を超えるのって少なくない。

「感動した」から、「死ね」「おまえなんかいらねぇよ」にいたるアンチ派まで、いろんなコメントを寄せてもらっているけど、俺はすべてに「いいね」で応えている。

「おまえ同じことしか言わねぇしよ」

「話がなげえんだよ」

にも「いいね」を押している。

好き勝手を言われる側からしたら、「バカなんか相手にしてられるかよ」って機械的にスルーしてやり過ごすのが普通で、中には本気で心ないコメントにカッカッきて対決する人もいると思う。

けどな、俺の場合、すべてに「いいね」を押して涼しい顔だ。しかも、俺のハートマーク付きだ。

なぜって?

「いいね」を押すことで「された方」はなんか不気味なのか、「怖い」って感じるみたいだ。嫌がらせでケチをつけているのに「いいね」って、何なんだコイツは、って思うんだろうなあ。

さらに、たくさんコメントがある中で、自分のコメントがチェックされて見られているんだって自覚せざるを得ないから、次に続けてアンチコメントを書けなくなっていくんだよ。

実際、「いいね」は俺からしたら、「見てるぞ、おまえのこと！」って警告の意味合いがある。その意図が伝わっているのかもしれない。

俺はアンチ派を「あんちゃん」って呼んでいるんだけども、俺の意図を察してか、あんちゃんは減っていくんだよ。

そもそもアンチは、「おまえなんて嫌いだぜ」「おかしなこと抜かしてるんじゃないぜ」って俺に反発しているわけだが、彼らの実体は嫉妬の塊の人間たちで、俺のことが羨ましいからコメントを書いている人たちだと思う。

俺のやっている動画やSNS活動に対して一生懸命にキーボードを叩いて、ご苦労なことに汗水流してコメントを書いてくれているわけだよ。

悪意があろうが、これって結構、大変な作業だと思う。

だいたい俺に興味がなかったら書くわけなんてないはずだ。

俺としては、むしろ一日の大切な時間の一部を割いてまで一生懸命に文字を打ち込んでくれている彼らには、感謝しかないね。

決して皮肉で言っているんじゃなく、俺はあんちゃんを可愛いとさえ思っているからさ。


こんな俺の気持ちが伝わったのか、アンチでコメントを打っていたはずの連中は、だいたいがファンに切り替わっているんだな。

すべてが数日のうちに〝仲村教〟の信者様に、さ。

俺は過激なコメントを寄せていたあんちゃんに、「いいね」を押すだけでなく、「嬉しいよ」とか「おまえすげーな」とか返すこともあるけど、それを受け取った奴は、ほとんどが次から、「さっきはゴメンなさい」に切り替わっているんだ。可愛いよね。

俺の根底はいつだってハートフルだし、会話の終わりをポジティブにすることで、相手もポジティブマインドに感染するんだよ。

これが「死ね」で返して終わると、相手は傷ついて終わってしまい、後味の悪さしか残らない。

会話の最後を「おまえ、いいね」とか「可愛いよ」にすると、相手は「ワオーッ、可愛いって言ってくれた！」に間違いなく切り替わる。

言葉には力がある。「言霊」だ。

ネガティブなことを書いてくる人って、ふだんの生活が満たされていなかったり、不満を発散する場所もなければ聞いてくれる人もいない場合が多い。

だから、たまたま見た俺の動画がそのぶつけどころになって、「おまえなんて死ねよ」ってなったのかもしれない。

そう思うと、何か愛おしく感じちゃって、「おまえ頑張れよ！」って「いいね」を押しちゃうんだよな。

俺は結果的にネガティブに生きている人を認め、承認欲求を満たしているってことになるのかな。

この本の読者の中にそんなあんちゃんがいたら、どんどん俺のところに来なよ。歓迎するからさ。

「おまえなんかクソだな」って？

大いに結構だよ。

「そうだよ、そんなことを言うおまえの心も荒んでるんだろう」って寄り添ってやれるぜ。

これが仲村の流儀だから。

口約束は公正証書より重い！

俺は口にしたことは絶対にやる！

「コイツと試合やるよ」と言ったら実際その通りにやってきたのは御存じの通りだ。
言葉を口にした約束ならば、現実化しなけりゃ話にならない。

言った以上はやらなければ腹切り同然というのが俺にとっての理屈で、男同士の口約束は公正証書よりも重いと信じて疑わない。少なくとも俺はね。

法治国家である日本では、公正証書で約束されたものは絶対だし、それにのっとって約束を果たさなければ罰せられるのが一般社会のルールだ。

でも、俺の哲学では日本の法律で規定されたそれよりも、「男同士の約束」の方が重いんだ。

つまり、「言った約束は守れ」。

いやそれ以上の「命をかけてでも守れ！」っていうのが俺のルールだ。

この約束を守れないようならば、そもそも軽々しく口にするなっていうことだよ。

若い奴の中に、「俺も『ブレイキングダウン』に出ようと思ってるけど、出たら絶対に優勝っしょ」みたいな大口を叩くのがいる。

その類のメッセージが俺んところにもいっぱい来る。

「そこまで言うからには、だったらやってみろよ」と言いたいんだ。言う分には誰でも勝手だ。だから言う分には許されるとでも思っているのと違うか？

男がいったん口にした約束には、大きな責任が課されているということを忘れるなよ。

俺は軽々しいことは言わない。

だから、まわりに「『ブレイキングダウン』に出る」なんてことは一度も言っていない。

初めて「ブレイキングダウン」に登場した時も、誰にも言わずに会場に行った。家族にだって言ってないんだよ。

実際に出たあとになって、「出たよ」「やったよ」って言ったけど、最初から「『ブレイキングダウン』でひと花咲かせてやるぜ」なんて、もちろん言ってない。

結果的にそうなって、あとから知ったみんながビックリしているって感じだ。

男が約束を守ることには、メリットがある。格別の信頼が得られることだ。

約束を果たしてくれたことへの感謝の気持ちが、俺の知らないところでも、「仲村さんは約束を守ってくれる信頼のおける人だ」となり、一人歩きもして、高い評価につながる。男冥利に尽きるじゃないか。

だからこそ、「言う以上は天地がひっくり返ってもやり通すくらいの覚悟を持っている時か、じゃなきゃ、やったあとに言えよ」って。

それだけ口から出た約束ってのは重いんだ。

約束を果たさずに適当な言い訳をこさえて引き下がるくらいなら、「男の看板を下ろしな」ってことさ。

ここまで言っちゃうと〝アウトロー的発想〟と思われるかもしれないな。

でも、これが俺の性格さ。

正義感の強さであり義侠心だ。

「弱きを助け強きを挫く」っていう、俺の人生のすべてのスタイルがここに込められているんだ。

俺はこれを長所だと思っている。

口にした約束は、必ず守れ。

嫌な奴との向き合い方

世の中にはいろんな奴がいる。

誰からも好かれるような徳のある人もいれば、嫌な野郎もいる。相性もあるのかもしれないが、生理的に受け付けなければどうしようもない。


俺は嫌な奴には露骨に「イヤだ!」と言うし、むしろ相手にしない。相手を〝無〟の存在として対処する。


ただし、端から無視するんじゃなくて、そいつには明確に嫌なことを伝える。

その場をとりあえず笑ってごまかすような大人の対応もあるかもしれないが、俺はそうしない。はっきりと伝える。

「今、こうやってアンタと喋っているけど、俺はアンタとは無理だよ」って言っちゃう。

たとえて言えば、俺にとって嫌な奴ってのは「ニキビ」みたいなもんだ。

ニキビができたら、いつまでもおでこにつけたままでいたくないだろう。早いとこ取り除きたいだろう。自分にとってまったく必要ないもんだからな。

だから、タイミングを見計らって取り除くのと一緒で、遅かれ早かれそいつを排除するっていうことだよ。


中には俺の露骨な対応を察してか自分から離れていく奴もいるが、基本は俺の方からバッサリと切り離して完全に距離を取る。以後、関わり合いを続けるなんてことはない。

「嫌だ」と思い立てば、もう早い段階でやってしまうに越したことがない。

面と向かってはっきりと言ってしまうと、恨みを抱かれるんじゃないかと思うかもしれない。

けどな、人を経由して思いを伝えたり知られたりするよりは自分の言葉で、**「申し訳ないけど、ちょっとアンタとは関われないわ」って言ってしまった方が、相手もス**

ッキリするんじゃないか。

この問題は、メールをブロックした小細工なんかでは解決しきれないと思うよ。

こっちは無視したつもりでも、それをそうだと受け取らずに、たとえば仲間うちで飲んでいるところに顔を出してきたりして、

「何で連絡くれないの？」「ブロックしたの？」って、もうこうなりゃあ最悪だよな。

そういう奴って自分勝手にポジティブマインドで憶測するから、「たまたま忙しくてブロックしちゃったのかな」ってノリで勘違いするんだよ。

「本当は僕のことが好きなくせに」

「会いたくてしようがないのに会いたくないなんて」

っていうストーカーとマインドは一緒だから質（たち）が悪い。

だから、はっきり面と向かって、「関わりたくないからゴメンね」って言うことで

理解させてやらないと収拾がつかない。ゴールをちゃんと教えてやるということだ。

この対処法を実行するのはなかなか難しいかもしれない。でも、結果としてこれが問題解決の一番の近道だね。

とはいえ、心のうちでは「キモい」とか「おまえ死ね」と思っていても、これは言っちゃあまずいぜ。そんなこと言ったら恨みを買うだけだから。

「申し訳ないけど、同じ空間にはいられないわ」と、「申し訳ないけど」をワンクッションにして、短く端的に、言葉遣いに気をつけてさ。

言い方次第で相手は感情的になりかねないから、ワードはホント、大事だよ。

第4章
仲村のこれまで

仲村の学生時代

「ヤンチャしてたんだろうなあ」

俺の子どものころのイメージは、たいがいこうだ。

赤いジャケットに赤いサングラス……。確かに、今の俺をパッと見て想像を巡らせるとこうなるんだろう。

でも、実はそうじゃないんだよな。

今だってそうだぜ。ヤンチャそうに見えるだけで、誰にでもハートフルに振る舞えるし、接した人はわかってくれているはずだ。

自分で言っちゃあ説得力もないが、俺の生きざまは一貫して、明るく元気で健康的だ。

まあ意外かもしれないが、これでいて特に中学では、みんなの中心となって活動する優等生の部類だった。

生徒会活動もしていたんだからな。ちゃんと副会長に立候補して、選挙活動もして、投票で選ばれている。

昼休みには各クラスの教室をまわって演説もした。今でもその時の立候補声明を覚えている。

「俺がいない生徒会なんて灯油の入っていないストーブみたいなもんだ」って。

結構、笑いも取れたし、そのころから俺ってハートフルだったから人気者だったよ。

強面のかけらすらなかったし、先生のウケも悪くなかったからな。先生とは遠慮なく和気あいあいと喋り合っていたし、後輩の面倒見もいいから、生徒会だって先生の方から背中を押されたんだ。

「おまえがやれよ。おまえがやったらまとまるから」ってさ。

自分で言うのもなんだが、常にリーダー的な存在であったことは間違いないね。ヤンチャとは無縁だった。

だいたい今でもそうだけども、暴走族とか、群れて行動したり群れなければ何もできないなんてのが嫌いなんだ。たとえ悪さをするにしても、つるんでやるんじゃなくて、一人で暴れるタイプだから。

高校でもそんな感じ。サッカー三昧の3年間だった。

サッカーの特待生で進学していたし、卒業と同時にマジでプロのサッカー選手になるつもりでいた。

「俺様がいるからこの学校は勝てたんだぞ」って殿様気分でプレーしていたから、プロ契約不成立というのは、悠々と大手を振って上り始めていた階段をいきなり壊されたわけだ。

ホント、頭の中が真っ白になったね。

せいぜい頭ん中から絞り出したセリフっていうのが、

「ハイ、高校は卒業しました、準備なんかまったくしていないから、大学進学も、就職もできません。俺、これからどうしたらいいんでしょう？」

だよ。かなりヤバかったよ。


「この先、どうすりゃあいいんだ……」って、ホント焦ったね。

それでも、その時にふてぶてしくも考えついたことがあった。

それは「一番嫌いなことをやってみようか」だった。


「一番嫌いなことをやったら人生が変わるんじゃないか？」ってね。


じゃあ、一番嫌いなことは何か？

俺って高校は卒業したものの、それまで本気で勉強したことがなかった。サッカーに集中していれば、勉強はやらなくてもいいと言われてきたからだ。

そんなことを思い出しながら逆の発想で出した答えが、まさにこの「勉強」だった。

「これからの一年間、一番嫌いな勉強を、必死で一日十何時間も机に向かってやるぞ。そこまでして人生が何も変わらなかったら、もう人生自体を諦めてもいいか」

って覚悟を決めたよ。

「その時はヤクザでも何でもなればいいや」ってね。

一念発起、大学進学を目指して予備校にも通い、本気で勉強に取り組んだんだ。


そもそも俺は、偏差値が何かも知らなかった。この程度の問題意識じゃあ受験する資格自体が問われるよな。

「アンタ、受験をナメてんじゃないの?」って話だよ。「偏差値30じゃあ赤点じゃねぇじゃん」って、平気で言っていたくらいのレベルだった。

これはもう一年間猛勉強をしたところで、一般の受験生に追いつくどころか、オリンピック精神じゃないが、「参加することに意義がある」って開き直りだよ。


でも、俺って人間はいったんこうと覚悟を決めたら、ハンパなく絶対に音を上げずにやり切れる自信がある。

かつてオリンピックのマラソンランナーで、メダル獲得の感想を聞かれた時、「自分で自分を褒めたい」って感動的なコメントを残した選手がいたけども、まさにあの言葉をお借りしたいくらいだ。

とにかく必死で勉強し、最終的に推薦を受けることもなく、一般入試で大学に合格することができたんだから。

箱根駅伝での活躍で全国区にまで名を上げ、世界に通用するアスリートもたくさん輩出させている山梨学院大学だ。

浪人して大学に入ったから、人より苦労している分を遊ぼうなんてことは考えもしなかった。むしろ、一年間、机にかじりついていた癖が抜けきらず、勉強することの楽しさを知っちゃったんだよな。

そんな将来に期待を抱かせる大学生活が始まったまではよかったんだが、そこでオヤジが死んじゃったんだよ。風呂場で倒れた。心筋梗塞だった。

親を亡くしたショックは言うまでもないが、高校3年間のサッカー三昧から大学4年間を勉強三昧で送るはずの計画が根底から崩れてしまったことも、俺にとって本当に大きな痛手だった。学費もすべてを自分で賄わなくてはならなくなったわけだから。

オヤジがやってきた農業で汗を流すかたわらの学生生活を余儀なくされた。

親のスネをかじらず、奨学金やアルバイトで学費を捻出しながら頑張っている奴も珍しくないし、突然、身に降りかかった不幸をことさら取り上げて、「なぜ自分だけが？」なんて甘っちょろい泣きごとを言うつもりはない。

でも、人生は思い描いた通りにはいかないことを教えられた。

それでも仕事と勉強を両立させながらのハンデをものともせずに、大学4年間の成績は「オール優」で、ほぼ首席で無事に卒業することができた。

卒業後もいい意味での勉強癖は抜けきらず、そのままの勢いじゃないが、大学院にまで進んだんだ。

昼間は農業をやりながらの夜間の大学院だが、受講していた学生の中で俺が最年少だった。

政治と経済を専攻したが、そこには60代や70代でもう一度学び直そうという熱心な高齢者、実際の現場を離れたもののあらためて政治学を学ぶ一政治家の姿もあった。

いくつも会社を経営する社長さんなんかは税法に熱心で、実際の仕事に活かされていたようだ。

俺にとってそんな学びの環境は大いに刺激になった。

教科書には載っていない、社会で活躍している先輩たちの生きた話は実に貴重だったし、それまでほとんど意識してこなかった「喋る」ということに関心を持つようにもなった。

今、俺がＳＮＳを駆使して発信している原点だったかもしれない。あの時に培った勉強が間違いなく今に活かされているのを、感じないわけにはいかない。

修士号論文も書き上げ、修士課程の2年間を終えた。

「偏差値30」だった俺にとっては奇跡？　かもしれないが、きちんとやり終えたわけだから、もはや堂々たる実績だと思っている。

数千倍の倍率をくぐりぬけ大学職員に

俺は大学院を修了後、そのまま大学に残る道を選んだ。

とりわけ希望する特定の企業や業種があったわけじゃなかったから、大学4年間と大学院の2年間をお世話になった山梨学院で、当面落ち着かせてもらうことにした。

私立大学だが、その職員ともなれば教授ら同様、仕事は経済的に安定感があり、公務員みたいな社会的にも認められた存在だ。

派手さはないがそんな安定感に惹かれて大学職員の就職を希望する人はかなりの

数に上り、あの時、採用人数1人の枠に3000人近くの応募があったんだ。

宝くじとまではいわないが、かなりの競争率だ。

そして俺は、その誰もが羨む貴重な1枠を、正々堂々と引きあてた。


しかし……。大学職員といえども、所詮、サラリーマンだ。

サラリーマンを馬鹿にするわけじゃないけれども、俺の性分には合っていなかったんだろうなあ。

当時の初任給は30万円近くもあり、ボーナスも年3回あったから、お金の面では高待遇だった。物価の高い東京じゃなく地方都市だから、普通に経済生活をしていくには十二分過ぎる。数千倍の競争率も納得のいくところだった。

ただ、やっぱり俺には無理だったんだな。無機質でワクワク感がないんだ。


とはいっても、ちょっと雨や雪が降ったからって多少さぼっても給料がもらえるし、出世を望んでガツガツしないでも、問題さえ起こさなければ将来が保証され、一生、安泰だ。

「一体何が不満なんだ?」って不思議がられそうだが、俺にとっては何か違うんだなあ。

もやもやして気持ちに落ち着きもなくなってくる。

こうなると、職場内で上司との関係もギクシャクしてくる。

俺はどう転んでも絶対にイエスマンにはなれないし、不満があればうちに留めておくことができずに、平気で口にしてしまう。

上はこんな俺を黙って放置するわけはなく、異動させられるのは当然だった。

今さらながらまったくの不向きだったと思う。

そんな中、俺の喋りや外に向けて発信する能力に目をつけた出入りの建設関係者から、ヘッドハンティングの声をかけられたんだ。住宅の営業職への勧誘で、大学には内緒で面接も受けた。俺はその際に質問した。

「1億円の家を売ったら、そのうちの半分をくれますか?」

図々しくもよく言ったなあと思う。相手は引いてたからな。当然不採用になった。


後悔はしていない。これが俺なんだし、大きなリスクをおかして仕事をするわけだから、やったらやっただけの報酬を受けるのは当然じゃないか。

この考え方に疑問をはさむ余地はまったくなかった。


俺のうちで、仕事における結果もリスクも生き甲斐で、これを楽しみに変えることができるという職業倫理みたいなものが湧き起こってきた。

だいたい、こんな考え方をするのはもう大学職員の発想じゃないよな。

「じゃあ、自営業だな」

大学職員をやめるという結論を出すのにためらいは一切なかったし、次への動き出しは早かった。

結局、大学職員は2年で卒業させてもらった。25歳だった。

日焼けサロンで独立

最初に手掛けたのが日焼けサロンだった。

20年ほど前にさかのぼるが、一時はものすごいブームになったビジネスだけど、俺が始めたころには、もう終わりを告げようとしていた。


なぜ、そんな下火になったものに手を出したかって？

俺の生い立ちや長年の生活の影響だろうなあ。

小さいころからサッカー少年だったろう。365日、夏はもちろんのこと、冬場でも半袖に短パンで走りまわる生活をしてきた。

ずっと外で陽射しを受けているわけだから、年中肌は真っ黒だったわけだが、いつのまにかその日焼け自体が快感みたいになっていたんだ。

つまり、肌が真っ黒になる日焼けは、俺にとっては物心ついた時からのライフワークみたいなものだったから、それを商売にしている日焼けサロンに惹かれたのはある意味必然だったたってことだな。

「なぜ、自然の陽射しじゃなくて、人工的な機械で肌を黒くするんだ?」

そのメカニズムに対する素朴な疑問と興味も、自分の中で増幅していった。いったん、考え始めて走り出すと、糸の切れた凧みたいな感じになるんだよ、俺は。

実際に、街中で営業している日焼けサロンを巡ってみた。すると多くの店はパッと見のイメージが風俗店の様相だった。ほとんどが雑居ビルの上の階で営業しているから、なおさら風俗店めいて怪しさを感じさせていた。

自分にとって日焼けって、サッカーがもたらしてくれた健康の賜物のはずなのに、この陰湿なイメージがどうにも気に入らなかった。

そんな俺の日焼けに対するリスペクトが、ブームにとらわれずに手を出すことになったきっかけの、大きな一つだったと思う。

まずやったのは、これまで誰もやってこなかった日焼けサロンの路面店をオープンさせることへのチャレンジだった。「日焼けサロンのイメージを変えてやろう」って。

商売としてもメリットを感じた。

そもそも機械が接客するわけだから人件費のコストは抑えられるし、現金商売で利幅も高いときているから、商売の初心者ながらやり方次第では勝算ありと見込んでいた。

でも、商売を抜きにして、何よりも「日焼けが好きだ」ってことが一番だな。

ただ、やるからには、これまで人がやっていないやり方でというのが軸にあった。

今はビル自体を所有しているが、当初、いつも店の家賃を捻出するのに追われて大変だった。３６５日営業で、休みは一切なし。24時間とまではいかないが、夜中の1時や2時まで平気でやっていた。
オヤジが亡くなって大学入学と同時にずっと農業をやっていたから、仕事を休むという感覚がないんだ。休みなしで営業を続けることへの違和感をまったく持たなかった。

想定外の苦労と言えば、主役の日焼けマシンが、結構、故障したことだ。しかも、ほとんどのマシンがイタリア、ドイツ、ベルギーと海外から持ってきていたので、修理作業は独力で何とかするしかない。電気の専門家じゃないから、感電しながら悪戦苦闘してやっていた。

こうして機械の修理の要領は覚えていったけど、客とのトラブルはしょっちゅうだった。単なる嫌がらせや「焼けないじゃないか」って文句が来る。機械への不満もあれば、接客へのクレームもあった。
若い女性スタッフが多かったから、ただ口説くことを目当てにした下衆野郎もいた。

サイトへの誹謗中傷の書き込みもあった。紫外線が目には見えないことをいいことに、騙されたとか言いがかりのつけ放題さ。

お金を出し渋るセコい奴とか、とにかくまあ、毎日が想定を上まわるトラブルや苦情のオンパレードだった。

やってらんない？

いやいやトラブルのそれぞれが勉強みたいなもんで、俺は「今度はそうきたか」って対応を半ば楽しんでいたところもあったな。だって、そのトラブルの先にある利益を見抜くことで、大きなチャンスにつなげることができるかもしれないじゃないか。

やり甲斐があったんだよ。

「お店は生き物だな」って痛感させられる毎日だった。

日焼けサロンはこうして試行錯誤を繰り返しながらも、今日まで続けている。

成功というよりも失敗の方が明らかに多く、むしろ失敗することが当たり前だと思っているんだけども、それと引き換えに一つひとつ学ぶことがある。

だから、面白いって言える。


死んだオヤジに、小さいころからよく言われていたことがある。

「若いころの苦労は買ってでもしろ」って。

確かに苦労している時ほど、「生きてるなあ」って実感させられる。


だから俺もあらためて読者に伝えたい。

若いころの苦労は買ってでもしろ！

彫り師デビュー

日焼けサロンが2、3年して軌道に乗ってきたころ、俺は次のステージに上がった。

刺青を入れる彫り師だ。

日焼けサロンから彫り師とは、唐突の感があるように思われるかもしれないが、実はこの二つのビジネスは連動している。

日焼けも刺青もいうなればボディメイクで、自分の個性を磨く点で共通するものがある。

また、日焼けサロンに来ていた客を見ていると、すでに刺青を入れている人が珍しくなく、今後刺青を入れる可能性が高い客も多いのではと、計算が働いた。
もちろん、俺は刺青を入れる技術を持っていたわけではないが、もともと絵を描くのが得意だった。特に細かい描写の作業には自信があったから、この機会に本格的に彫り師を志そうと勉強を始めた。

ちなみに俺には彫り師の師匠のような人はいない。独学でのスタートだった。
自分の体を実験台に痛めつけながら、見よう見まねで始めた方が自分のセンスが活かされる。そうすりゃ3年もかけずに技術が上達できると思って、独学の道を選んだ。

実際、自分の体も随分と痛めたけども、俺の腕を信用して練習台になってくれる人もいたから、思いの外、彫り師としての成長は早かったね。

ただ彫り師というのは、本当にすごく突きつめた仕事で、針だけを使ってミリ単位でアートを描いていく作業だ。生半可では務まらない。

たとえて言えば、大型トラックで高速道路を休みなく運転し続けるくらいの緊張感で、それがもたらす疲労に襲われる。仕事の需要はあるから、毎日彫り続けていれば年収１０００万円くらいにはなるけど、心身ともに疲労の代償はハンパじゃない。

俺は他にも仕事を持っているし、今は忙しくなったから、こんな激務を強いられる彫り師を一生やり続けていくなんてのは土台無理な話。だから今は受け付けを一時休止している。

でも、廃業したわけじゃないぞ。

「10倍の料金を出すから仲村さんに彫ってほしい」という人もいるみたいだけども、キリがなくなっちゃうから、今はとりあえず看板を下ろさず開店休業という状態だ。

風俗業界に参入するもトラブルの毎日

30代に入って始めたのが風俗経営だった。日焼けサロンを従業員に任せられるようになり、俺の手が空いてきたのでスタートした。

もともとやってみたかった仕事だったし、風俗は究極のサービス業だと思っていたから、好奇心旺盛な俺の血が騒いだというか、チャレンジしないわけにはいかないじゃないか。デリバリーヘルスをやり、ピーク時で15店舗まで広げることができた。

正直、儲かったし、楽しかったなあ。

儲かり過ぎたのかどうか知らないが、一時、税務署に目をつけられて、追徴課税で結構持っていかれた苦い思い出もある。

だが、そんなお金のことよりも、この仕事はとにかく大変だったことだけは確かだ。この俺がメンヘラになっちゃうかってくらい、精神的にきつかったもんな。

まず雇っていた女の子たち。基本、病んでいる子が多かったし、そもそもお店自体がトラブルを抱えている子が集まってくる場所だったわけだ。

住む家や部屋がない、明日携帯が止められるとか、何らかの闇を抱えていたり、表には出せないような十字架を背負った子たちが飛び込んでくる。それをいちいち面接して正していたら、先に進めなくなる。

未成年者以外はよほどでない限りは雇い入れるわけだが、あとから問題が湧き起こってくることも少なくないから、経営する側からしたら毎日、神経を磨り減らすばかりだった。

風俗経営で一番重要なのは、いうまでもなく女の子のマネージメントだ。10人中8~9人が十字架を背負っている。その子たちに、自分たちが望むようにお金を稼がせなければならないし、もし稼がすことができなければ文句が出るから、こっちは必死に宣伝をして、営業に汗を流さなければならない。

新しい子も入れなければ顧客が離れていってしまうから、もうホント、毎日が目まぐるしく動き、身も心も休まる日なんてなかった。

風俗ではお金を儲けることがいかに大変だってことかを心底教えられた経験だった。

トラブルや揉め事の火種は内輪の女の子に限ったことじゃなかった。外の、暴力団関係や半グレ連中とのトラブルも絶えなかった。同業者でもある彼らのシノギ(儲け)に影響を与えているわけだから、当然のことながらあの手の連中というのは”ライバル“関係にある俺のところに何かにつけて脅しをかけたり、営業妨害を仕かけてくることもあった。

「潰すぞ」「さらうぞ」と喚き散らして威嚇するのは朝飯前。女の子が先方に断りなく俺のところに移籍してたのを知らずに雇い入れていたら、「横取りしやがって！」と乗り込んで来て、いちゃもんをつけられたこともある。

いちいち対応してたら仕事にならないからと、お金を渡してその場をおさめる同業者もいたけれども、俺は一切その手には乗らず、真正面からぶつかってでも一歩も引かなかった。

魑魅魍魎（ちみもうりょう）とした、まさに欲にまみれた世界だから、対応を一つ間違えでもしたら生死にも関わりかねなかった。よほどのメンタリティの持ち主でなければやってられないね。

まあ、俺はその点は大丈夫だった。

あ、そういえばここではっきり言っておくけど、俺自身はヤクザでも反社でもないからな。単なる赤いジャケットを羽織った、笑顔の似合うオッサンだから。そこんところはよろしくな。

まあ、風俗時代は思い起こせば、ホント、結構な嫌がらせを受けていたなあと思う。

終始見張られて追いまわされたり、車のタイヤがアイスピックで突かれてパンクさせられていたり、暗い夜道でいきなり囲まれて因縁をつけられるなんて5回や6回の話じゃない。

電話ならばしょっちゅう、「今から出て来いよ」とか「さらってやるぞ」って決まったように脅してくるから。

もう俺としては、ただただウザイだけだから、「さらえばいいじゃん」って返事をしていた。俺は絶対に引くつもりがなかったし、ぺこりとする気もなかったから。

だってそれをしてしまえば、向こうの思う壺だ。向こうにしたらそれを待っているわけだから、我慢比べかもしれない。だから、平然とやり過ごしていた。

相手に一番嫌なことをしてやらないと、いつまでたっても諦めないで向かってくるから、動じたらだめなんだ。 たとえば、向こうが「ヤクザ」と一言でも口にしたら、「ヤクザって何ですか？」って言ったらいい。

そもそも脅し文句や威嚇行為っていうのは、相手をひれ伏させて精神的に支配し、優位に立つための常套手段なんだ。だから、怖かろうが「殺すよ」って言われたら、「殺せばいいじゃん」って返すのが効果的な対応だ。

まあ開き直った態度を取ればいいんだよ、相手が呆れて根負けするまで。結構、タフな時間だけどな。

ヤクザの脅しじゃないけども、こんなのは昼の世界でもある。

借金の取り立てや法律をわかったような顔をした奴が、トラブルを笠に着て、「じゃあ、とりあえずあとで弁護士から電話させますね」って、真綿で首をしめるような言い方でビビらせ、トラブルの主導権を握ろうとする。

いずれにせよ夜の世界ではいろいろと学ばせてもらった。
そして、さんざん思い知らされた「世の中はお金じゃない」って。
あの時の体を張った経験で、俺の中の何かが間違いなく変わったと思う。

第5章
これからの時代を生き抜くために

夢はたくさん持て

よく「夢を持て」と言われる。

「お医者さんになってたくさんの命を救いたい」
「サッカー選手になってワールドカップで活躍したい」
「芸能人も何か楽しそうだな」

とか何とか、子どもながら誰もがこうした夢を抱いてきたと思うし、大人は子どもに夢の大切さを教えてきた。

実際に「夢」という具体的な目標を掲げることでやる気が出てくるし、生きていく上での励みにもなるから、夢を持つことに意義があるのは言うまでもないと思う。

ただ、俺の場合はさらにこう言う。

「夢は1個だけじゃ絶対にだめ。必ず2個以上、最低3個は持たないとだめだ」とね。

夢を何個持とうがお金がかかるわけでなし、制約があるわけでもない。欲張りで言ってるんじゃなくて、たくさん夢を持つことに大きな意味があるんだ。

つまり、夢の数はそのまま、その人が生きていくための選択肢の数にもなり得て、いろんな可能性をもはらんでいる。

前述の通り、俺は高校時代の3年間をサッカー一筋に打ち込んだ。

山梨県内では同世代で中田英寿がすでに全国区になって将来を嘱望されていたけども、俺も負けじとひたすらプロの道を追いかけていた。その才能と努力はJリーグのスカウトの目にも留まり、プロ候補生として名前を挙げられるまでになった。

でも、結局、最後の最後で選ばれなかった。サッカーで飯を食う夢を絶たれた。あの時は絶望した。しばらくは脱け殻状態だった。

この経験から俺は言うんだよ。「夢はたくさん持て」ってね。

夢がたくさんあったら、「サッカーがだめなら次は……」と一時的にショックを受けても、すぐに切り替えて次に進めるじゃないか。

次に出番を待っている夢が、落ち込む間もなくショックを忘れさせてくれる。

俺は高校の時のショックで、しばらく空白を作ってしまった苦い経験から、こうはっきりと断言できるんだよ。

「夢」のバーゲンセールじゃあるまいし、そうやすやすと次から次へと夢を語れるかって？

そうかなあ、若い時ってのは好奇心が旺盛で、「あれもこれも」とやりたいことが溢れ出てきて何も不思議もないんじゃないの。

それくらい前向きにガンガン行くガッツを持てよ。
そしてさあ、自分の良心に素直に従って、夢を積み上げていけばいいじゃないかと思う。

今、朝倉未来君なんか15個も会社を持っているらしい。
それぞれの会社自体が夢だよ。
俺もいくつもビジネスをしているのは第4章で書いた通りだ。
他にもSNSを通してのバトルがあり、歌って踊っていくつもの顔も持っている。
どれも「やりたいこと」を素直に行動に移しただけだよ。
たくさんの夢を持つとその夢同士の間で相乗効果が生まれることもある。
いいことずくめだ。だから夢をもっともっと貪欲に持った方がいい。

たとえば、「料理人になりたい！　料理店を出したい！」と夢を持ったら、おまえなら次に何を考える？

「お客さんはどんなメニューなら食べに来てくれるだろうか？」

「味付けは濃い方薄い方、どっちにしたらいいか？」

と、その夢の実現に向けていろんな角度から成功へのプロセスを考え始めるんじゃないのか？

ここが肝心なところなんだ。

つまり、夢に取りつかれたら、知らず知らず人の心のうちを考え始めているんだ。

そこからさらに視野がどんどんと広がっていく。

視野が広がればそれにともなって行動範囲も広がっていくし、気がつけば自分の血となり肉となって成長している。

「料理」を夢に見たことで新たに生まれた考え方や姿勢が、次の夢の実現にも活かされていくことだってあるわけよ。

まさに人間として大きくなっていくプロセスそのものだね。

一方、頑固なまでに、自分はＹｏｕＴｕｂｅｒになるとか、スポーツ選手一筋でこだわったままでいると、その業界でしか通用しない、視野の狭い人間で終わってしまいかねない。

せっかくいただいた人生がさ、それじゃあもったいないと思わないか？

俺のこれまでの生きざまを振り返って自己評価すると、「俺はスペシャルになれなかったから今の自分がある」と思っている。

どういうことかというと、俺は格闘家じゃないのに戦い、歌手じゃないのに歌を出してｉＴｕｎｅｓ Ｓｔｏｒｅで1位にもなっている。

俳優じゃないのにケンカバトルで演技もするし、ましてや映画まで撮ろうとしている。

所詮、俺はそれぞれのスペシャルの人と争ってみたところで勝てないけども、総合力では、スペシャルを超えることができる。

これが20年前だったら、時代はこんな自分を受け入れてくれなかったと思う。たぶん、「おまえさあ、一つのことに集中してやれよ」って叩かれていただろう。

でも今の時代は、こんな生き方を多くの人が理解し始めるようになっている。

ＩＴの急速な進歩や時代のスピードを認めざるを得なくなり、次世代の俺たちに任せたということなんじゃないかな。

こんな今の時代を読み切った俺の生き方は、的を射ていると思っている。ハマったんだよ。たとえて言えば、「何でも屋の仲村」としてな。

今はまだ一桁の数の「顔」しか持っていないけれども、枠に制限を設けずにこのペースで夢を見続けていけば、さらに20個くらいは簡単に増えていく可能性があるし、それに対応しようという自分がいる限り、ものすごいことができるという楽しみだってある。

だから、夢は数が多いほどいいんだ。

「(夢を)持つ」じゃなくて「(夢を)掴む」。

そして「夢」を掴もうと動き出したら、自分のうちから「今がチャンスだ！」「逃がすな、捕まえろ！」と背中を押される感じが自然と湧き起こってくるはずだ。

そこに自らへのリスペクトと努力が加われば、もう万全だ。

いいか、「たくさん夢を持て！」

1個じゃだめだぞ。2個、3個……。

数が増えれば、おまえの可能性がどんどんと広がっていくんだから。

「ブレイキングダウン」について思うこと

格闘技の団体は生まれては消え消えてはまた生まれてと、栄枯盛衰が激しいよね。旗揚げして、その後何十年も質も人気も保ったまま継続している格闘技団体って、ほとんど思い浮かばない。

そもそも格闘技は興行であり、一瞬の華やかなお祭り的要素や万博的な真新しい面もあるから、変わらずにずっとその鮮度を保ちながら続けていくのは、考えにくいジャンルなのかもしれない。

「ああ〜、何かそんなのあったよね」って言われ、当時の景色を懐かしく思い浮かべる時もあるもんな。

それぞれの団体自体は、もちろん、常に刺激的で熱くありたいと、向上心を持って取り組んで努力しているのは理解できる。

それくらいの強い気持ちで臨まなければやっていけない厳しい世界だと思う。

この世界は、新旧の入れ代わりが繰り返される競争社会だよ。

支えているファンが刺激に貪欲で、あの網の中からさらなる過激さを求めているから、ファイターはその期待に応えていかなければならない。

その結果、興行の中身や方向性に無理が生じて、たとえば「どれだけ体を張れるか」と、必要以上にリスクが求められることにもなる。

俺はまさにそういう世界に飛び込んでいるわけで、喧嘩みたいなこともやらなければならないし、そのうち死人が出ちゃうんじゃねぇかっていうリスクを感じながら、戦っている。

実際に、これまでに「ブレイキングダウン」の現場で、警察が出動する事件も起きている。主催者側のコントロールが利かなくなってしまえば、その場に漂う殺気だった空気は暴走を起こす。

煽られて暴れた奴の中には傷害にまでいたって、大きな爪痕を残したのに、何を勘違いしているのかそのことを自慢げにかたる者もいるという。

こうなってしまっては、危険信号だ。


俺は、参加したオーディションで一瞬にして会場を凍りつかせ、緊張もさせて盛り上げたことを自負しているが、自慢じゃないが言葉だけ。一切暴れてはいないよ。


自分の中にあるワードだけで、人の心をぶん殴り倒していっただけだ。

拳を振り上げたりパイプ椅子を投げなくても、十分に爪痕を残すことができるのを教えたつもりだぜ。

単に飛びかかったり暴れまわるだけの時代はもう終わりだよ。

現場からしてみれば、大事にいたらずに刺激的なシーンが撮れたら撮り得だったかもしれないし、YouTubeの視聴者が喜ぶのも間違いないだろうが、そんなにいつもうまくいくわけじゃない。リスクをともなっているわけだから。

そんなリスクが、これまでの格闘技団体の〝生まれては消え消えてはまた生まれて〟の原因につながっていたわけだ。これに早く気づかなければ、冗談抜きでオワコンだぜ。

いいかい、繰り返すがあの回の「ブレイキングダウン」の最大の見せ場を演出した俺は、一切暴れていないことを忘れるな。

それでも傷口のない爪痕を残し、熱い余韻でいつまでも視聴者を感動で酔わせることができる、ということもだ。

今や「ブレイキングダウン」はモテモテで、たくさんの志願者が名乗りを上げているようだ。それはそれでいいことだと思う。

でも、このままだと過去の団体と同じ轍を踏みかねないから、上の人は時代を読み間違えないよう、転換期に入ったんだという認識を強くして、「暴れる奴は即退場だ！」くらいは言わないとだめだと思っている。

たとえ不可抗力だろうが、死者が出たり、失明したりとか片足回復不能なんてことが起きたら、問答無用で番組として即終了することは想像がつくから。


口喧嘩は物足りない？

新しい角度から演出したり、表現を工夫することで十分にイケるよ。

俺がそれをちゃんと証明してみせたじゃないか。因縁めいたストーリーを作り上げることだけでも、人の心を熱くさせることができるということを証明したはずだ。

「手を出すのはここまで」なんて規制ラインを設ける？

とぼけた話だね。そんなルールはつまらんよ。

ただ椅子をぶん投げてケガをさせた奴が一番目立つところにいるようならば、終わりは見えているということだけは言っておくぜ。

と、厳しいことを言わせてもらったけど、今日、「ブレイキングダウン」をこれだけのスター番組にした運営側の努力には見習うべきものがある。

リスペクトしている。自分自身も〝暴れ〟させてもらっているし、ただただ感謝の一言だ。

「失敗は買ってでもしろ」って言ったけど、過去をこの言葉通りに清算し、同じ轍を踏まずに、ひとまずはこのまま進んでいくといいと思うね。あれでたくさんの若者が夢を抱いたわけだから。

あの網の中で実際に戦った俺の感想としては、戦い終えたあと、拳を交えた相手とは仲良くなったし、リスペクトもしている。そもそもそういう舞台なんだよ、現実は。

それが傷害やトラブルにまで発展したら、そんな感動とは無縁になっちゃうし、素晴らしい可能性をも摘み取ってしまうわけだから。

「ケンカバトルロワイアル」の行く末

「ケンカバトルロワイアル」は、今面白いと思っている。

2022年6月に始まった番組なんだが、ここは世の中の、日本中の十字架を抱えた、表に出られない人間であったり、表に出せない事件を抱えている人間が、ある一つのストーリーを背負って集まってきた場所だ。

その中から選ばれし16人が、「再生数×0・1円」という賞金を、相手の再生数も奪い合いながら戦い、総再生数分獲得するという、いわばリアル版『カイジ』というか、リアル版『ライアーゲーム』だ。『バトル・ロワイアル』という映画があったが、タイトルはそれをパロった。

「ケンカバトルロワイアル」は代表である俺が仕切っているが、「ブレイキングダウン」との違いは、再生数を賞金に換算して、ファイターがそれをゲットできるところだ。

そして、もっとも大きな違いは、「ケンカバトルロワイアル」がドラマ的要素の強い演出ありきの格闘技であるのに対して、「ブレイキングダウン」はリアルの要素が強く、エンターテインメントとして優れているところだろうな。

「ケンカバトルロワイアル」は煽りＶＴＲから始まり、対戦後の勝者、敗者ともにストーリーを追いかけ、リアルな人間模様を描いていく。格闘技を舞台にした人間ドラマだな。

「ブレイキングダウン」のように大きく成長させることを視野に入れてはいるが、出演者にとって人間形成にいい影響を及ぼしていることを自負している。

まあ、個人の知名度を上げるのならば「ブレイキングダウン」の方が効果的だろうね。事実、自分自身がそうだったから。

ライバル視？　まったくしていないよ。

向こうは師匠みたいなもので、負けた奴がこっちに参戦しにきたりするから。まあ、互恵関係にあるといってもいいかもしれない。ゆくゆくは対抗戦の形式ができたらと、模索している。

番組上、ただ揉み合うだけでも俺は怒るし、厳しい対処をしている。これまでとはひと味違った演出で、番組としてどう盛り上げていくかの試行錯誤を繰り返している。

近々に格闘技の新しい可能性を発信できると自負している。

そもそも俺が「ブレイキングダウン」に出るきっかけになった組織だし、路頭に迷っていた俺を拾ってくれたわけで、感謝を忘れたことはない。成長させることが恩返しだしな。

今は俺が代表を務めているが、スターが出てきたらこの座を譲り、自分はいつでも退く覚悟はできている。

「ブレイキングダウン」にも引き続き付き合っていくことになる。ただ、俺としては、また傷害にいたるようなことが勃発するならば、その修正力のなさについて、オーディションで運営側にはっきりと言うつもりだ、

「バカかよ！」ってね。

これを〝熱い過激さ〟とでも勘違いするバカがいるかもしれないが、俺は警鐘を鳴らし続けるつもりだ。

俺がどうなろうと、「バン仲村は正しかった」とのちのち、歴史が証明してくれるはずだ。

これからのSNSの使い方

ＹｏｕＴｕｂｅで一発あてて金持ちになったなんて話はよく聞く。

彼らはそれだけメチャクチャ努力をしているよ。大して時間もリスクもかけずに、たまたまあたったんじゃない。

俺もメチャクチャ努力した。

「アイツは短期間でのし上がってきて、うまいことハマっただけだ」なんて声が聞こえてくるけど、そんなの俺には、単なる嫉妬、負け犬の遠吠えにしか聞こえないな。

ここまで書いてきた通り、ＳＮＳを始めたのは、「ブレイキングダウン」に初めて出演する1年くらい前だ。

当時のＴｉｋＴｏｋやインスタを見てもらえばわかるけど、まあ、そのころまではズブの素人だった。

でも、毎日4本も5本も性懲りもなく、撮りまくってたね。

一日中、ＳＮＳ上の誰よりも踊り続けていたんじゃないか。

そう自信を持って言える。

だってまわりは、

「アイツ、頭おかしくなったんじゃないのか」

「おまえ、変なクスリをやってるんじゃないだろうなあ」

と、踊りまくっている俺を見ながら引いていたから。


誰からの評価もフォローも得られないのに、"意味もなく"踊り歌い、ただただ投稿をしまくって、そしてまた踊り続け歌い続けてと半年くらいやっていた。

でも、これってやみくもにやっていたわけじゃない。

もちろん、変なクスリの助けを借りていたわけじゃないぞ。

「ＹｏｕＴｕｂｅをやろう」と思っていたが、俺はこれが一番難しいと思っていたから、まずは対応できるようになるために、ＳＮＳ活動の中で手始めの準備をした。

来る日のための逆算を忘れていなかった。


10秒とか15秒の短編で表現するＴｉｋＴｏｋやインスタで練習し、そこで人の心を掴むことができるようになれば、長い動画を作ってＹｏｕＴｕｂｅで勝負できるという、逆算しての練習だ。野球でホームランを打つためには、まずは素振りから始めるだろう、それと同じことだ。

１００万回再生を取れる感覚を掴もうと、「人の心はどこで動くのか？」を、〝ギャップ〟を入れることで（第3章参照）試してもいたんだ。すべては計算ずくのことだ。

だから、俺は、偶然にも一発あたってＹｏｕＴｕｂｅのフォロワーを増やしたわけじゃない。

とにかく、毎日まったく休まずに、ダンサーでも歌手でもないのに、汗が枯れはてるまで踊って歌ってアップし続けた。あくまでもテストだ。

その結果、気づいたのが、「みんなが一番面白いと感じてくれているのは俺が喋っている時」だった。

そのテストの結果を踏まえて、俺のＹｏｕＴｕｂｅが始まった。

「必ず報われるところに持っていける」

絶対の自信があったし、それが揺らぐことがなかった。

それまで自分が関わってきたサッカーにしろ、がむしゃらに打ち込んできた経験にしろ、たとえ報われなくても、何らかの景色が見えてくるという確信があった。

サッカーワールドカップで、日本は初のベスト8を目指して挑戦し、「違った景色を見るんだ」を合言葉に戦ったけど叶わなかった。

しかし、強豪ドイツとスペインを破って世界を驚かせたじゃないか。

ベスト8の景色を見ることはできなかったが、考えもしていなかった景色を見たはずだ。

登山を想像してほしい。頂まで登り切るのはキツイ。

でも、**登り切った先では必ず〝景色〟が待っている**じゃないか。

俺はほとばしる汗を拭いながらその先の景色をずっと信じていたんだ。

そして、チャンスがやってきた。

御存じのように、「ケンカバトルロワイアル」出場と「ブレイキングダウン」参戦だ。

締めは、前者のテッペンの立場での、後者のテッペンYUGOさんとの対戦だ。

その前には瓜田純士との〝因縁〟で「ブレイキングダウン」に話題を持ち込み、

盛り上げた。

これが偶然か？

温存してきたチャンスそのものじゃないか。

以降、俺のフォロワーは驚異的な伸びを見たんだよ。

世の中の人間は、思慮深く考えて行動するタイプと、「これだ！」と自分の勘に頼る直情型の2タイプに分かれるそうだ。俺はこの2つを兼ね備えた〝ハイブリッド型〟だと思っている。

「これだ！」と爆発力と瞬発力を持ちながら、「逆算」してそれを発揮させるまでは、そのプロセスの中で冷静沈着に腕を鳴らすという人間なんだ。

ここぞという勝負をかける時は、相手を、対象をとにかく研究し尽くすことにつきる。

その期間は思い切り長くとってもいいくらいだ。

本当に頂点を極めたいと思ったらそうした方がいい。


アメリカ16代大統領のリンカーンもこう言っている。

「もし、木を切り倒すのに6時間与えられたら、私は最初の4時間を、斧を研ぐのに費やすだろう」

ここでの「斧を研ぐ」とは、リサーチに時間をかけるという意味だ。


努力は誰でもそれなりにしていると思う。

ただ、目標に向けての努力ともなれば、8割の奴はできてない。

この本の読者は残りの2割に入れよ。

決して難しいことを言ってるんじゃないぜ。今言ってきたことを理解できて、プロセスを間違えずにやれたら、絶対に報われるぜ。これは誰でもできるから。

ただし、方法を間違えるなよ。

方法さえ間違わなければ、必ず結果に結びつく。

この俺の言っていることが理解でき、実践することができたら、おまえたちにはもう”のびしろ“しかないぜ。エリートだ。

今やもう、テレビではなくＹｏｕＴｕｂｅの時代に入った。テレビ離れはどんどん進んでいる。

それまでのメディアはアウトローには門戸が狭かったが、彼らも含めて多くの人の出入りが自由で発言が許されるのがＹｏｕＴｕｂｅのチャンネルなわけで、まさに時代の象徴でもあると思う。

俺の時代が到来したと思っているぜ。

仲村のこれから

俺ももう40代半ばだ。

「ブレイキングダウン」で戦うにしても、これから何年も続けられるわけじゃない。

ＹｏｕＴｕｂｅの動画もあと何回配信できるか？　１０００回なのか、５００回ぐらいしかできないのか？

その回数はわからないが、ぼんやりと見えているゴールから「逆算」したカウントダウン方式で、「これで一回終わらせたな」と思った時が来ればいつでもＢＡＮするし、その時はその時でもう去ってもいいやと思っている。

明日、ガン宣告を受けるかもしれないし、先のことなんか何が起こるか誰もわからないわけで、今さら、

「○○までに有名になろう」とか、

「もっと上を目指そう」

「世界へ羽ばたこう」

なんて正直、まったく思っていない。


置かれている現実と等身大の自分を見つめながら、カウントダウンの下、気力や体力も考えながら、やるべきことを一つひとつこなしていくだけだ。

5年なのか10年なのか、みんなを楽しませることができたら、それでいいと思っている。


「面白い、面白い！」と手放しで喜んでもらえたり、

「勇気づけられました、明日も頑張ります！」とか、

「またあの電車に揺られながら出直してみます」

って、人のために背中を押すことができたらいいと思っている。

こう言ってしまうと、何か終活みたいに聞こえるが、本音はこれからも体が動けなくなるまで、それこそ棺桶に片足を突っ込んででも、飛びまわれる限り仕事は続けるぞ。

実際、今も「やってくれ」って言われたら「何でもやってやるぜ」という気概で、ファイティングポーズは崩したことはない。

せっかくこんなに注目されているのに、燃え盛っているこの時に水を差すなんて、もったいないないじゃないか。

今後も一つやり続けたいと思っているのは、若い奴らへの指南役だよ。

俺は、路頭に迷いかけている彼らの道しるべになれると思っている。鉄拳制裁であれ何であれ、世直しという意味合いも込めて、「こういう生き方もあるんだぞ！」って教えていけたら本望だね。

政治？　関心はあるよ、大学院では政治系を専攻していたからな。

既成の大政党じゃなくて、たとえば「NHK党」みたいなミニ政党で、しがらみにとらわれずに、きれい事抜きに言いたい放題して旋風を巻き起こしたいね。

もし俺が政界に打って出たら、〝仲村教〟の信者はそれを望んでいるだろうし、いつも辞表を胸に秘めて、思いっきりやってやる。

そうじゃなきゃ、バン仲村のバン仲村たるゆえんがなくなる。

実際にまわりから、政界進出を推す声をいただいてはいるよ。


ただ、今俺は明確に「これをやるんだ」っていう政策を持っていないから、すぐに手を挙げることはない。

しかし、〝ぶち壊し役〟ならばできるし、それは俺にとっては適材適所だね。

まあ、やると腹をくくることがあれば、迷わずに出陣するだろう。

だが、たとえやるにしても、いや、やらせていただくにしても、任期満了なんて長くはやるつもりはないよ。

喧嘩でも売るかのごとく、威勢よく出ていってガンガン攻めて、それが世直しの起爆剤になればそのまま引き下がる。

熱量だけはあるよ。少なくとも、政界に出て話題を振りまいたころの橋下徹くらいにはね。

おわりに

十字架を背負ったおまえたちへ

本名・光の由来

俺は20歳になる直前にオヤジを心筋梗塞で亡くした。

農家だったんだが、真冬の、雪がしんしんと降っていたその日、農作業を終えて帰ったオヤジは、まだ冷えきったままの体で熱い風呂に入った。

急激な温度の変化に心臓がやられたんだ。

あっけない最後だった。

そんなオヤジとは根をつめて話したなんて記憶はほとんどなかった。そもそも寡黙で、家族とも多くを語ることがない男だったからだ。

俺は20歳までは、オヤジに髪を切ってもらっていた。

オヤジが俺の髪にハサミを入れる時が、俺とオヤジの唯一の喋る機会だった。

なぜだか知らないが、その瞬間、二人はようやく父と子の関係になり、オヤジが後ろから語りかけ、緊張しながら俺が返す。

オヤジとの最後の会話は散髪中だった。

何を思ったんだか、オヤジに髪を切ってもらっているその時にいきなりこう聞いた。

「何で俺の名前……光(ひかる)ってつけたの?」

「自分だけが光り輝くんじゃなくて、人に光をあてられるような人間になれっていう期待を込めて、『光』って名前にしたんだ」

俺はオヤジから初めてそれを聞かされた瞬間、心をぶん殴られたような気持ちになった。

俺の名前にオヤジのそんな思い入れがあったとはつゆとも知らず、それまでの俺っていうのは何とも身勝手で、自己中心主義な生き方をしてきたんだ……と。


「俺が！　俺が！」

「俺さえよければそれでいいじゃん」

「俺がいるんだからそれでいいじゃねぇか」

これでわかるだろう？


この本ではさんざん、「相手のことを考えて」などと書いてきたが、実は俺がいかに自分勝手な野郎だったたってことが。

プロサッカー選手を目指してやってきたので、当時はまわりからチヤホヤされ、いつのまにか傲慢になっていたと思う。

実際、自分本位で生きてきたから人間関係でのトラブルが絶えなかったし、人のためを思って何かをするなんてほとんど考えたこともなかった。

だからこそ、あの時のオヤジの言葉の中にあった「自分だけが光り輝くんじゃなくて」が、俺には響いた。

その一言の余韻がまだ尾を引いている時に、オヤジは逝ってしまった。

以降、この言葉はずっと自分の中で生き続けている。

だから、オヤジの思いが込められた「光」という名前を背負わされている以上、俺は常に明るく人を照らし続ける光を意識しないわけにはいかない。

何度もこの本に返ってこいよ！

本文でも書いたが、繰り返し言う。

「本を読め！」

本の中にはおまえたちが知りたい、何をなすべきか、生き方のヒントが隠されているはずだ。

必ずしもストレートに書かれているわけではないかもしれないが、何度も読み返していると、心を打つ何かが浮かび上がってくるはずだ。


幸か不幸か、おまえは俺の本をこうして手に取り読んでくれた。まずはありがとう、礼を言うぜ。

おまえが今何かに悩んでいるなら、この俺の本を読むに勝るものはないはずだ。何回でも読むといい、擦り切れるまでな。

その時はまた、本の上で俺とバトルをしようじゃないか。おまえの心をぶん殴ってやるぜ、何度も。

そうこうしているうちに、仲村のマインドと仲村のロジックが手に入るはずだ。

新しい、これまでおまえが見過ごしてきたかもしれない何かが見えてくると思う。

心が病んだり、疲れた時はこの本に戻って来い。おまえの人生を救ってやるよ。
さあ、人生を変えようじゃないか、もっともっと素晴らしいものに。

「バン仲村」こと、仲村 光

2023年　向春の候

著者

バン 仲村（ばん・なかむら）

経営者・格闘家・ケンカバトルロワイアル代表・彫り師（タトゥーアーティスト）
山梨学院大学大学院修士課程修了後、大学職員を経て独立。日焼けサロンを20年、夜の無料案内所を10年経営している。彫り師としても17年間活動し、延べ1,000人以上を施術。
2022年、格闘技イベント「ブレイキングダウン」に流星のごとく登場。出演わずか90秒で会場や視聴者の注目を集め一躍話題に。自身のYouTube開設後は、3カ月でSNS総フォロワー数30万人、4カ月で40万人を達成。アウトローなイメージを醸し出しながら、ハートフルで知的なワードセンスと、飾らない人柄で多くのファンを魅了する。楽曲「ずっと夏だから」「ナカムラスタイル」を配信するなど、ミュージシャンとしても活躍の場を広げている。

いい質問するねぇ〜
一瞬で相手にインパクトを与える技術

2023年2月21日　第1刷発行

著　者　バン仲村

発行者　杉浦秀光

発　行　信長出版
〒160-0022
東京都新宿区新宿7丁目26-7 ピクセル新宿1階
info@office-nobunaga.com

発　売　サンクチュアリ出版
〒113-0023
東京都文京区向丘2-14-9
TEL 03-5834-2507

装　丁　小口翔平＋嵩 あかり（tobufune）

印刷・製本　株式会社光邦

ISBN978-4-8014-8107-7　Printed in Japan